fel yr wyt

Profiadau menywod o fyw mewn corff mwy

Cyhoeddwyd yng Nghymru yn 2025 gan Sebra,
un o frandiau Atebol, Adeiladau'r Fagwyr,
Llanfihangel Genau'r Glyn, Aberystwyth, Ceredigion SY24 5AQ

Hawlfraint y testun © Yr Awduron
Hawlfraint y ffotograffau © Rhiannon Holland, Mefus Photography
Hawlfraint y cyhoeddiad © Sebra

Cedwir pob hawl.
Ni chaniateir atgynhyrchu unrhyw ran o'r cyhoeddiad hwn na'i drosglwyddo ar unrhyw ffurf
na thrwy unrhyw fodd, electronig neu fecanyddol, gan gynnwys llungopïo, recordio neu
drwy gyfrwng unrhyw system storio ac adfer, heb ganiatâd ysgrifenedig y cyhoeddwr.

Syniad gwreddiol a chydlynu gan Gwennan Evans
Golygu creadigol gan Meinir Wyn Edwards
Prawfddarllenwyd gan Adran Olygyddol Cyngor Llyfrau Cymru

Dyluniwyd gan Tanwen Haf
Llun clawr gan Mari Gwenllian

ISBN: 9781835390092

Cyhoeddwyd gyda chymorth ariannol Cyngor Llyfrau Cymru

Argraffwyd yng Nghymru

sebra.cymru

fel yr wyt

Profiadau menywod o fyw mewn corff mwy

Cynnwys

RHAGAIR	Caryl Bryn	3
GEIRIAU SY'N SUDDO	Mared Llywelyn	7
LLOND EI CHROEN	Caryl Parry Jones	17
O'R FUNUD HONNO	Beth Jones	25
FY LLYTHYR I TI	Mari Gwenllian	31
LICO'R FFROG	Jessica Robinson	39
CYN AC AR ÔL	Gwennan Evans	47
AMSER TYNNU'R TYWEL	Nia Mererid	55
FEL Y LLEUAD	Caryl Bryn	63
CODI'R BAR	Gwenno Roberts	69
NEWID FY MEDDWL	Bethan Antur	77

TROEDNODYN YN UNIG	Caryl Burke	85
TI 'DI GWELD TWITTER?	Caitlin McKee	93
DYDDIADUR BYTA FATRIN	Catrin Angharad Jones	101
DWST Y SÊR	Carys Eleri	107
GWIREDDU GWLAD Y BREUDDWYDION	Claire Vaughan	115
FI YW FI	Rhian Hedd Meara	123
Y DAITH AT FODLONRWYDD	Natalie Jones	131
HAPUS YN FY NGHROEN	Myfanwy Alexander	139
NID YW TEW YN AIR DRWG	Ffion-Hâf Davies	147
LLE I ANADLU	Becky Davies	153
Y CYFRANWYR		161

Rhagair

Caryl Bryn

''Nei di dynnu fo *un* waith eto? Ma 'mraich i'n edrach bach yn rhyfadd.'

'Ydw i angan ffilter ar hwn?'

Does 'na'm un pwysau'n gwasgu gymaint â rhywun yn tynnu llun ohonoch chi mewn criw... yn enwedig os mai chi ydy'r un fwyaf yn eu plith. Y pwysau'n gwasgu gymaint nes i chi ddal eich gwynt a gweddïo bod y cyfan yn mynd i fod drosodd mewn dim. Yna, o'r diwedd, y cydsgrechian o wybod bod *y* llun wedi cael ei dynnu a'i fod yn pasio'r prawf i'w gwneud hi ar y grid ar y *gram*... ond ddim cyn addasu ac ychwanegu ffilter, wrth reswm. Beth yn y byd ddigwyddodd i ddyddiau diniwed sŵn olwyn camera *disposable* yn dal llun o ferch heb boen yn y byd – yn baent a bwyd drosti a'r wên yn lletach nag erioed? A'r teimlad cynnes, wedyn, o agor bocs o luniau sy'n drysor o atgofion *go iawn*... Dyna sydd yn y gyfrol hon – cyfle i drafod yn onest y pwysau cymdeithasol sydd ar fenywod i gydymffurfio â'r ddelwedd 'ddelfrydol', a'r cyfan yn cael ei adrodd gan ferched *go iawn*.

* * *

Mewn oes lle mae delwedd yn bwysicach nag erioed, dyma gyfrol sy'n trafod ein hagwedd at siâp ein cyrff – yn gyfrol llawn merched sydd wedi, ac yn dal i fod, yn brwydro efo maint eu bol, eu bronnau a *phob dim arall*. Mae 'na gant a mil o lyfrau, rhaglenni a chynnwys ar y cyfryngau cymdeithasol yn trafod colli pwysau, ond beth am i ni, am unwaith, roi'r sylw i gyd ar fagu pwysau? Proses hollol naturiol a chyffredin, ond rhywbeth sy'n parhau i deimlo fel cyfrinach dywyll, llawn cywilydd.

Mae 'na, wrth gwrs, gant a mil o resymau eraill, ar wahân i fagu pwysau sy'n gallu ei gwneud hi'n anodd i bobl deimlo'n hapus yn eu cyrff, ac wrth gwrs, mae'r broblem yn effeithio ar ddynion hefyd. Ond nid annilysu anawsterau pobl mewn carfanau eraill yw nod y gyfrol o gwbl – mae llwyfan i stori pawb, ond profiadau merched sy'n cael y sylw y tro hwn.

Un cwch sydd yn y gyfrol hon a phob merch ynddo yn adrodd ei stori ei hun. Y merched hynny sydd o dan anfantais oherwydd eu bod yn byw mewn corff mawr, a hynny mewn sawl agwedd o'u bywydau – yn ariannol, yn gymdeithasol, mewn perthnasau, ar y cyfryngau cymdeithasol ac, yn sicr, mewn siop ddillad. Ac mae'n rhaid cydnabod fod yr anfantais gan amlaf yn fwy i'r merched mwyaf hefyd, ond mae stori pawb yn ddilys. Mae 'na ferched sydd wedi'u gwasgu i mewn i ddillad sawl maint yn rhy fach gan nad oedd y siop yn gwneud y dilledyn yn eu maint nhw, a merched sydd wedi cuddio ar hyd eu hoes. Dyma ferched sydd i gyd yn yr un cwch, yn cydrwyfo yn erbyn yr un lli – dyma ein stori *ni*.

Cyfrol i ddathlu'r merched hynny ydy hon. Peidied neb â meddwl, am eiliad, mai cyfrol yn annog pobl i fod yn dew ydy hi. Byddai pob un o'r merched a gyfrannodd wedi gweld bywyd yn haws o beidio bod dros eu pwysau a pheidio teimlo'r angen i boeni am faint a siâp y corff yn hytrach na'r pethau pwysig mewn bywyd. Ond mae pobl dew yn bodoli, a hynny am lu o resymau cymhleth, ac mae ganddyn nhw'r hawl i ddweud eu stori a chael eu trin â pharch.

Ochr yn ochr â'r storïau, mae lluniau bendigedig Rhiannon Holland o Mefus Photography. Mae'r lluniau hyn yn dangos merched yn byw eu bywydau gorau, ac yn dangos i'r genhedlaeth nesaf fod modd bod yn gryf, yn wydn, yn garedig, yn iach ac yn hapus, sut bynnag mae'r corff yn edrych.

Mae'r geiriau 'tew' neu 'dros eich pwysau' yn dal i gael eu dweud gyda siâp ceg a dim sŵn, yn eiriau sydd yn cael eu sibrwd y tu ôl i gefnau'n gilydd – nid bod hynny'n fai ar neb. Dyma'r ffordd y magwyd ni ac mae'r rhagfarn yn erbyn pobl mwy o faint a'r pwysau cymdeithasol i fod yn denau ymhobman. Mae'r gyfrol hon yn bloeddio'r geiriau mae pobl yn rhy swil i'w dweud – yn eu bloeddio efo balchder.

Mae'r gair 'grymuso' yn cael ei ddefnyddio am rywun sydd wedi mynd yn fwy o faint, boed hynny o ran bloneg neu gyhyrau. Fy ngobaith i yw y bydd y gyfrol yma yn grymuso menywod, hynny yw, yn drosiadol yn eu gwneud yn fwy grymus, i wynebu pa bynnag heriau ddaw i'w wynebu.

Dyma gyfrol o ferched yn cydsefyll law yn llaw – ond sydd hefyd yn estyn llaw i chi afael ynddi a chlywed eu stori nhw. Efallai y byddwch yn uniaethu â phob un neu dim ond un neu ddwy. Efallai na fyddwch yn uniaethu â'r un, ond wrth eu darllen cofiwch mai nod y gyfrol hon ydy addysgu, dysgu a dathlu. Mae'r byd yn lle gwell, ym mhob cyd-destun, os allwn ni sefyll ochr yn ochr, beth bynnag ein maint.

Geiriau sy'n suddo

Mared Llywelyn

'Dach chi'n gwisgo'r un peth heddiw, ond ma Mared yn dew.'

Atgof cynnar o fod ym Mlwyddyn 1, ac atgof cynnar o sylweddoli 'mod i'n berson 'tew'. Dwi'n cofio'r holl fanylion. O'dd gen i a'r hogan fach arall drowsus melfaréd nefi blw, a jympyr fflwfflyd o'r un lliw – oedd siŵr o fod wedi cael eu prynu fel set yn Next gan ein mamau. Alla i eu dychmygu nhw rŵan, yn tyrchu drwy relings dillad, yn chwysu, yn stresd wrth drio siopa am ddillad smart ar gyfer eu genod bach.

    Dwi'n cofio'r gwayw o gywilydd yn fy nharo gyntaf, yn eironig iawn, yn fy mol – ac yna'n treiddio drwy bob rhan o fy nghorff. Dwi'n cofio i mi gael fy mrifo, achos hyd yn oed yn bump oed, o'n i'n gwbod nad oedd bod yn dew yn beth da.

    Chafon ni ddim gwisg ysgol yn ein hysgol babanod ni tan i ni gyrraedd Blwyddyn 2. Y crys-T gwyrddlas yn efelychu lliw'r môr, a'r llong yn hwylio ar fôr llonydd wedi'i fframio'n daclus gan raff euraidd. Gwisg oedd i fod i niwtraleiddio pawb. Gwisg oedd yn eich gwneud yn falch o fod yn ddisgybl yn yr ysgol honno. Gwisg oedd yn pylu'r

Dwi'n cofio i mi gael fy mrifo, achos hyd yn oed yn bump oed, o'n i'n gwbod nad oedd bod yn dew yn beth da.

gwahaniaeth rhwng teuluoedd oedd yn gallu fforddio'r dillad gorau, a'r rheiny nad oedd ddim. Cyn dyfodiad y wisg ysgol, dwi'n cofio un hogan yn dod i'r ysgol yn gwisgo *tank top* oedd yn dangos ei bol fflat, a botwm bol oedd yn sticio allan. O'n i'n meddwl ei bod hi'n edrych fel Britney Spears. Ches i rioed fotwm bol oedd yn sticio allan. Mae gwisg ysgol yn beth da, ar y cyfan. Ond yr un oedd y corff dan y wisg newydd.

Excuse me, do you know that you're fat?

(Nago'n, 'sti.)

Diwrnod heulog. Diwrnod lan môr, a Mam wedi dechra cerdded lawr y lôn yn barod, rhag ofn i ni golli'r haul. Y gwres yn codi o'r concrid, bwced, rhaw a *bodyboard* efo dolffin yn neidio o donnau piws a glas seicadelig yn hongian oddi ar fy mreichiau. Dechra teimlo'n nerfus am 'mod i'n gweld criw o bobl ifanc yn sefyll yng nghefn siop y garej, yn griw llawer hŷn na fi, yn griw oedd yn siarad Susnag, a'u chwerthin uchel yn fy nghynhyrfu. Dim ond cerdded heibio a thrio peidio tynnu sylw... nes iddo weiddi arna i ar draws y lôn. Doedd trio bod yn anweledig heb weithio, yn amlwg. Roedd fy nhewdra wedi tynnu ei sylw. Roedd ganddo hanes o fod yn hogyn drwg, o falu ffenestri a smocio. Ei wallt wedi'i liwio â *bleach*, yn wyn bron yn erbyn y croen oedd wedi'i frownio gan yr haul. Dwi'm yn cofio be wnaeth y lleill, os oedd 'na chwerthin, os oedd 'na unrhyw ymdrechion gan y genod erill oedd efo fo i ddeud wrtho am gau ei geg. Achos o'n i wedi rhewi. Yn teimlo'r cywilydd 'na eto yn mynd i 'ngwaed, yn llenwi bob rhan o fy nghorff, a rhyw gasgliad o eiriau yn gaeth yn fy nghorn gwddw, ond wedyn cyn i mi feddwl ymhellach...

That wasn't very nice, was it?

Mam. Wedi aros amdana i wrth y groesffordd, wedi gweld y cyfan. Brysio ati, ond wedyn Mam yn croesi'r ffordd i fynd i gael gair pellach – ond roedd o wedi rhedeg i ffwrdd cyn iddi ei gyrraedd. Doedd o ddim yn ddigon o foi i wynebu Mam chwaith.

    Cywilydd, cywilydd, cywilydd. Dyma fi'n cario mlaen i gerdded lawr y ffordd ac wedi dechra crio erbyn hyn. Pob dim yn niwlog wedyn nes i ni gyrraedd Lôn Bridin, a Mam yn deud yr hanes wrth tad fy ffrind.

O, am beth annifyr. Anwybydda nhw, boi.

Ond wrth i ni ista ar y traeth, a finna'n gwrthod mynd i'r môr a nofio, rhag ofn i mi dynnu hyd yn oed mwy o sylw ata i fy hun, roedd Mam yn methu anwybyddu be oedd wedi digwydd. Rhywle rhwng y *diawl* a'r *bastad bach* mi glywon ni sŵn yn dod o'r dwnan tu ôl i ni. Neidiodd yr hogyn penfelyn, ei ben yn wyn yn yr haul. Rhedodd am ei fywyd heibio'r fisitors ac i fyny'r allt o'r traeth. Roedd o wedi mynd i guddio rhag Mam. Ai ffawd oedd y ffaith ein bod ninnau wedyn wedi ista reit o'i flaen o, a fynta wedi clywed bob gair? Oedd o hefyd wedi teimlo'r un cywilydd 'nes i ei deimlo?

    Ella fod o ei hun yn dad erbyn heddiw. A dwi'n siŵr y bysa fo'n gneud union 'run fath â be ddaru Mam, tasa rhywun yn meiddio brifo ei hogan fach o.

Sbectols, tew.

Dim llawer o bwys i'w ddweud am hyn. Atgof o fod ym Mlwyddyn 7, yn gnawd o ansicrwydd a chydig bach yn nerfus yn cerdded ar hyd yr iard i fy ngwers telyn (am nad o'n i wedi ymarfer rhyw lawer yr wythnos honno.)

'Nes i ddim crio fel o'r blaen, mond troi fy mhen a gweld pwy oedd wedi gweiddi, ac ar fy wynab sbectolaidd, rhyw olwg conffiwsd o weld hogia (aeddfed?) Blwyddyn 11 yn sbeitio disgybl o Flwyddyn 7. Coch oedd lliw y ffolder oedd yn dal fy mhapurau miwsig. A choch oedd fy wynab am weddill y dydd wedyn, siŵr o fod.

Cymra gacan arall. Bechdan? Sbia'n cwpwr, helpa dy hun, dwi'n teimlo fatha 'mod i'n ddigroeso.

(wedyn) Ti 'di colli mwy o bwysa'n ddiweddar?

Y cymhlethdod sy'n dod efo'r *byta llond dy fol* ond eto'n holi lle ti arni ar y *colli'r bol 'na*. Os oes rhywun yn trio colli pwysa, ai stwffio brechdan wen efo menyn wedi'i daenu'n dew arni fel *side* i blatiad o datws a grefi ydy'r ffordd? Neu ail neu drydedd gacen Mr Kipling efo dy banad? Saff deud nad ydy *body positivity* wedi cyrraedd Nain Berch eto, er 'mod i'n trio fy ngora i'w haddysgu. Dwi'n gallu gweld llinell gref yn treiddio drwy Nain, Dad a finna efo 'tew'. Mae o'n obsesiwn ganddon ni.

Ond heddiw, dydy Nain a Dad ddim yn dew. Mae Dad yn ffit. Mae o'n rhedeg. Mae o wedi gwneud Her y Pymtheg Copa.

Wrth fodio drwy luniau du a gwyn o Nain a Taid yn canlyn, yn edrych fel cwpl o Hollywood ar fynydd Tir Cwmwd, daw polaroid o Nain ar ben ei hun. Saib. Ac yna, Nain yn deud: 'O'n i'n dew, do'n?' A dyma fi'n gweld fi a fy ngeiriau fy hun yn dod allan o'i cheg hi.

Dwi hefyd yn gweld fy wyneb fy hun yn lluniau ysgol Dad – yr *hooded eyelids*, yr wyneb crwn a'r ên lawn. Ond mewn llun arall, a tharth ieuenctid yr 1980au yn rhamant ar ei hyd, dwi'm yn gweld fy hun o gwbl yn ei goesau hirion tenau, yn yr wyneb main, y can o lager yn cusanu gwefusau a llinell yr ên yn siarp, pont yr ysgwydd yn gwthio allan o'r croen. A rhyw deimlad annifyr bod y colli pwysau wedi mynd braidd yn rhy bell.

Raj can do better.

Dwi rioed wedi bod mewn perthynas. Dwi rioed wedi bod yn y cyfnod 'gweld', 'tecstio' neu 'siarad'. Dwi 'di cael hogia yn deud petha clên wrtha i ond nid mewn cyd-destun lle dwi'n meddwl y bysa na jans i unrhyw beth ddigwydd. Dwi'm yn denu sylw *fel'na* yn gyffredinol, a'r un hen resymau dwi'n bwydo fy hun: *Dwi'n hyll. Os fysa fy wynab i'n deneuach ella 'swn i'n ddelach. 'Na i roi fy hun allan 'na pan fydda i wedi colli pwysa.*

Fedr neb fod mwy cas efo chdi na chdi dy hun, ond mae geiriau pobl erill yn sleifio mewn i dwll dan grisiau dy ben di, ac yn aros yno am byth.

Ai dyna pam mae pob hogyn dwi rioed wedi'i fachu yn *ghostio* fi? Yn cerdded heibio i mi ar y stryd fel tasa 'na ddim byd wedi digwydd? Mae'n gwneud i mi gwestiynu os ddaru'r pethau 'ma ddigwydd o gwbl. Ai straeon dwi wedi'u dychmygu ydyn nhw?

Mae o wastad yn dod yn ôl ata i. Fi ydy'r broblem. Fi sy ddim digon da. Ddim digon del. Ddim digon cŵl. Ddim digon tenau.

A'r peth ydy, taswn i'n ddieithryn, fyswn i'n deud geith yr hogia 'na i gyd fynd i ffwcio, 'mod i'n haeddu gwell na'u briwsion nhw, mai eu colled nhw ydy o. Felly pam na alla i wrando ar fy nghyngor fy hun?

Yr Angel. Myfyrwyr nos Fawrth allan ar gyfer Vodka Tuesdays. Gwanwyn, mae'n gynnes, mae 'na rywbeth yn yr aer. Mae'n nesáu at amser cau (does 'na ddim byd da yn digwydd ar ôl tri o'r gloch y bora) ar noson ymgyrchu dros lywydd newydd Undeb Cymraeg Aberystwyth. O'ddan ni'n cael laff, yn trafod ystyr fy nghrys-T Miri-Am UMCA a pha mor bwysig ydy'r Gymraeg, llygaid yn dawnsio, sigaréts yn tanio.

Ei ffrindia'n gweiddi. Yr hen deimlad 'na eto, y cywilydd yn ffrydio allan ohona i, ac yn llifo i lawr Great Darkgate Street.

Maen nhw'n iawn. Pwy fysa isio mynd efo fi?

Ac er iddo weiddi ar fy ôl, i'w hanwybyddu nhw, 'nes i ei adael tu allan i'r Angel, a dewis dilyn y cywilydd i lawr y stryd.

You all look like morlos, you all look like three fat morlos.

Dim byd o bwys i'w ddweud am hyn chwaith, ond fy mod i'n chwerthin dros lythrennau'r laptop wrth ei deipio. 'Dan ni wastad yn cael uffar o laff wrth gofio'n ôl am hyn. Y geiriau'n poeri o geg feddw ryw foi ar stryd fawr Pwllheli, a fi a fy nwy ffrind yn darged i saeth ei eiriau. Yn ein dybla, ar ein pennau i'r dafarn agosa, a chael tri siot o sudd morloi fel iechyd da i'r boi meddw ar y stryd.

5 ways to beat PCOS
Things you can do to minimise Cortisol levels
Hi I'm Lena, and these are 3 ways you can control PCOS
Here's how i lost 60lbs by cutting gluten and dairy
How does Inositol help PCOS
Ways to reduce insulin resistance
Hi I'm –
5 ways to –
Want to –
How to lose –

Heb unrhyw gyngor meddygol proffesiynol, dwi'n cysidro'r posibilrwydd fod gen i PCOS (Polycystic Ovarian Syndrome), cyflwr dwi'n dysgu mwy a mwy amdano drwy ddoethineb TikTok yn oria mân y bora.
  Troi gola llachar y ffôn i ffwrdd yn ogof fy stafell wely. Noson arall o sgrolio diddiwedd. 1.45am. Cicio'n hun. Pam 'mod i fel hyn? Ti'n gwbod be sy'n gwneud Cortisol yn waeth? Diffyg cwsg. Mae'r nodyn llyfr sydd ddwy bennod i fewn yn

gorwedd yn ddistaw o sbeitlyd ar gwpwrdd ger y gwely.

Yn ôl gwefan yr NHS dwi'n *clinically obese*. Ar ryw wefan Americanaidd – *morbidly obese*. Diolch. Dwi'm yn meddwl 'mod i'n anferth, ond dwi'n gwbod y dylwn i golli pwysau. Dwi'n gwbod 'mod i isio colli pwysa. Dwi'n meddwl am y peth ers erioed. Sawl gwaith yn ddyddiol. Yn tynnu'r bloneg o gwmpas fy wyneb yn dynn, dynn wrth sbio'n y drych. Yn dychmygu torri'r ffat o'r bol efo cyllell. Pam mae o mor ffycin anodd?

Do you have stubborn belly fat? Excessive hair growth? Loss of hair? Irregular periods or no periods at all? Difficulty getting pregnant or infertility?

Yes! Yes! Yes! Yes! Ac... ia dwi'm isio hynna ar hyn o bryd.

Ond be am yr holl ferched sydd isio? O brofiad personol, does gan ddoctoriaid fawr o amser i gŵynion merch sy methu dallt sut dydy hi ddim yn gallu shifftio'r pwysa. Dydy'r merched yna ddim yn meddwl am y ffordd maen nhw'n edrych, ond yn poeni os fedran nhw fod yn famau ai peidio. Dydy fy mhroblem i'n ddim o'i gymharu â'u rhai nhw.

Mae'n taro rhywun weithiau, pa mor fyfïol gall rywun fod. Yn obsesd efo'r gragen tu allan, ac anghofio cymaint difyrrach, harddach ydy'r berl sydd tu fewn.

Breichiau Aberdaron a genod gwyllt y môr
~~Yng ngeiriau enwog Cynan...~~

Braich Aberdaron ydy'r term dwi a fy ffrindia'n iwsio ar gyfer 'septum arms', neu 'bingo wings', fel fysa cylchgronau fel *Heat* yn ei ddeud erstalwm. Anodd egluro pam mae'r term yn gweithio, ond mae pawb i'w weld yn dallt unwaith 'dan ni'n egluro. Ym mhob llun, mae fy llygaid yn anelu'n syth at fy mreichiau Aberdaron, ond er cymaint dwi'n eu casáu, 'na i ddim gadael i hynny fy stopio rhag gwisgo crys heb lewys, neu siwt nofio...

Nofio.

Dwi'n casáu'r chydig funudau cyn cerdded i mewn i'r dŵr, cyn i dywel y tonnau guddio fy nghorff. Llygaid yn dartio at fy mol, yn edrych fel croen morfil yn y siwt – ym mhwll nofio'r ganolfan hamdden, yn y Blue Lagoon yng Ngwlad yr Iâ, ar y traeth yn Viareggio. Ydyn nhw'n sbio go iawn? 'Ta fi sy'n dychmygu?

Sut mae'n bosib teimlo'n fwy rhydd pan rwyt ti o dan rywbeth? A gwreichion haul yn disgleirio ar yr wyneb. Finna'n edrych i fyny, symud fy nghoesa a 'mreichiau, ac am unwaith, fy nghorff yn ysgafn, pen yn gwagio.

> …dwi'n ddiolchgar 'mod i'n gallu nofio. Yn gallu cerdded am filltiroedd. Yn gallu gneud yoga. Yn gallu dawnsio tan bedwar o'r gloch y bora.

A dwi'n ddiolchgar 'mod i'n gallu nofio. Yn gallu cerdded am filltiroedd. Yn gallu gneud yoga. Yn gallu dawnsio tan bedwar o'r gloch y bora.

Ac er bod bob dim dwi wedi'i ddeud yn deillio o'r ffaith 'mod i dros fy mhwysa, dwi'n gwybod ym mêr fy esgyrn bydd pobl o bob siâp a phwysa wedi teimlo be dwi wedi'i deimlo.

Aber. Yn oriau mân Calan Mai, mae'r lleufer gwyn yn adlewyrchu ar inc du y dŵr. O'r prom, 'dan ni'n edrych ar y môr llonydd. Edrych ar ein gilydd. Cytuno, fysa'n gywilydd peidio. Ac wrth i'r lleill ddechra dadwisgo, tynnu bob dilledyn fel croen nionyn, y teimlad 'na eto. *Peidiwch â sbio.* Ond does 'na neb yn clywed, ynghanol sgrechfeydd y dŵr oer yn llyfu bodia traed. Ac mae'n golchi drosta i – dio'm ots. Dwi'n suddo i mewn yn fy nicyrs a bra. Dio'm ots. Wrth i bawb arnofio mewn cylch, mae'n chwerthin ni'n atsain drwy ddüwch y nos.

Llond ei chroen

Caryl Parry Jones

Roedd Nain Trelawnyd yn fawr. Llond ei chroen. Stowt. Edrych yn dda. Neu, yn y lecsicon fodern, yn ordew.

Doedd ei phwysau ddim fel petai'n ei phoeni chwaith. Byddai'n aml yn dweud, 'Dwi'n gwbod 'mod i'n fawr, *but I can carry it.*' Ac mi oedd hi'n cario'i hun yn dda, yn dalsyth ac yn falch, wastad yn smart a thrwsiadus. Roedd hi'n *district nurse* ac yn uchel ei pharch yn ei chymdogaeth a'r hyder yn ei hosgo yn llenwi ei chleifion a'i mamau newydd gydag ymddiriedaeth lwyr. Ond iesgob, roedd hi'n hoffi ei bwyd ac yn gwybod yn iawn sut i'w goginio hefyd. Byddai'n rhoi ei chorff sylweddol a'i henaid gofalgar i baratoi bwyd. Roedd ei phicnics yn gampweithiau, yn llawn porc peis, tartenni, cacennau, brechdanau'n drwch o fenyn a ham cartref, tsiytnis a jamiau, a'r cyfan o'i chegin a'i dwylo hael hi. Roedd bwyd a phopeth amdano yn ganolog i fywyd Nain Trelawnyd, ac os oedd cynhwysion yn gwneud bwyd yn fwy blasus, i mewn â nhw, waeth beth oedd eu cynnwys caloriffig.

Roedd Nain yn ffrio bêcd bîns mewn dripyn, er mwyn tad!

A dyna'i chinio dydd Sul – cinio y bydden ni fel teulu yn ei gael ganddi bob nos Iau – yn fythgofiadwy, yn llythrennol fythgofiadwy achos mi alla i ei flasu o tra dwi'n sgwennu hwn. Yr un peth bob wythnos – cig oen wedi ei rostio'n araf am oriau, cabej wedi ei dorri'n fân, moron, tatws wedi stwnsio efo llefrith hufennog a menyn ffarm, pys slwtsh, grefi trwchus dros y cwbl, ac yn eistedd yn byllau bach gwyrddion hy yn y llyn grefi oedd ei mint sôs nefolaidd. Yna i bwdin, ei tharten afal enwog a llond llwy fwrdd drwg o *clotted cream*. Dwi'n glafoerio yn yr atgof. Er gwaetha'r rhybuddion gan feddygon pan oedd hi'n cael pyliau ar ei chalon a'i hanallu i symud ryw lawer oherwydd cryd cymalau difrifol, fe benderfynodd fwynhau'r cysur roedd hi'n ei gael o'i bwyd, o goginio, o borthi dros ei hiechyd. Roedd hi'n hapus yn ei chroen.

Etifeddodd fy nhad hoffter ei fam o fwyd blasus, cysurlon ac aeth hynny'n syth i 'ngenynnau i a 'mrawd, efo'r ddau ohonon ni wrth ein boddau yn darllen am fwyd, yn prynu bwyd, yn gwylio rhaglenni am fwyd, yn coginio ac fel Nain, yn porthi.

Roedd gan fy mam, ar y llaw arall, berthynas ryfedd iawn efo bwyd ers pan dwi'n cofio ac yn gwylio'i phwysau'n wastadol. Roedd hi ychydig yn obsesiynol ynglŷn â phwysau 'nhad hefyd, yn ofni ei golli i'r un dynged â'i fam o, siŵr o fod, ac yn aml mi faswn i'n gweld Dad yn cael dognau llai na fyddai'n ei licio ar blât llai na'r rhai mawr oedd yn y cwpwrdd. Gwynodd o 'rioed chwaith, dim ond canmol y prydau byddai Mam yn eu paratoi iddo. Ond bob nos mi fydda fo'n gofyn i Mam beth oedd hi isio cyn mynd i'r gwely: 'Jyst panad a brachdan plis, 'raur,' fyddai'r ateb, ac yna wrth baratoi'r tamed bach nosweithiol i'w wraig, mi fydda Dad yn adeiladu'r frechdan anferthaf iddo fo'i hun

---

… fe benderfynodd fwynhau'r cysur roedd hi'n ei gael o'i bwyd, o goginio, o borthi dros ei hiechyd. Roedd hi'n hapus yn ei chroen.

---

o'i golwg hi – tafelli tewion o fara, oedd yn blastar o fenyn, ham, letys, tomato, caws, *mayo*, mwstard ac unrhyw beth arall fyddai'n gallu cael ei stwffio i mewn 'na. Ac yna, i lawr y lôn goch ag o ym mhreifatrwydd y gegin, a'r olwg o ecstasi llwyr ar ei wyneb yn dweud y cyfan. Ond os oedden nhw'n rhannu bwrdd byddai llygaid Mam arno'n gyson, ac os oedd Dad yn meiddio cymryd ail lwyed neu sleisen ychwanegol byddai Mam yn dweud, 'Rhyyys...' yn ei llais 'paid â meiddio!', ac fel ci bach sy'n gwbod ei fod o wedi bod yn ddrwg, byddai cytleri Dad yn cilio a'r tameidiau dros ben yn aros yn eu lle.

Am flynyddoedd mawr ches i 'rioed broblem gyda 'mhwysau. Fel plentyn ro'n i'n dena, yn RHY dena os rhywbeth, coesau fel brigau, pengliniau anferth a gorfod gwisgo dillad oedd ar gyfer plant iau na fi. Doedd 'na'm gwisg ysgol ddigon bach i mi pan es i i flwyddyn gyntaf Ysgol Glan Clwyd ac roedd rhaid mynd am y seis lleiaf un ac yna ei altro. Wrth edrych 'nôl, mae'n od nad oedd unrhyw un yn poeni am hyn achos mi o'n i'n boenus o dena. Ond wedi oes o ystyried a sylweddoliad, mi o'n i'n llawn gorbryder, a chan mai'r stumog ydy sêt y system nerfol, roedd hwnnw'n brifo'n dragywydd ac mi oedd taflu i fyny yn ddigwyddiad rheolaidd. Ond doedd 'na'm ffasiwn beth â gorbryder yn y 60au a'r 70au, chi'n dallt! O'n i jyst yn dena. O'n i jyst yn 'teimlo'n sic' yn aml.

A hynny fuo am flynyddoedd. Hogan dal, wanllyd, yr ola i gael bra, yr un oedd yn methu gwisgo *hot pants* am nad oedd ei chluniau'n ddigon mawr i lenwi'r siorts, yr un heb unrhyw fath o siâp. *Caricature* o hogan dena fel Olive Oil, cariad llinynllyd Popeye.

Erbyn i mi gyrraedd fy arholiadau Lefel A roedd y gorbryder a'r *panic attacks* ar eu gwaethaf a'r sgêls yn dangos fymryn dros saith stôn. Yr un oedd fy hanes yn y coleg pan benderfynodd y meddyliau ymwthgar a'r iselder ymuno â'r parti. Roedd fy mhen a'm stumog yn llanast ond roedd fy nghorff *on point*!

Yn 1979 mi ddaeth tro ar fy myd. Mi symudais i Gaerdydd, ac er bod y pyliau meddyliol annifyr yn mynd a dod, mi o'n i'n hapusach fy myd, wedi ffeindio fy mhobl, yn mwynhau bywyd.

Yn mwynhau bwyd.

Roedd y ddinas yn orlawn o dai bwyta oedd yn coginio bwyd o bob rhan o'r byd.

Roedd ffrindiau newydd hŷn yn gallu creu creadigaethau dieithr i mi fel *lasagne, chilli con carne* a saladau diddorol yn llawn cynhwysion oedd ddim yn ddeilen o letys, sleisen o domato, wy 'di'i ferwi a *spring onion*.

Roedd y diddordeb, yr angerdd hyd yn oed, tuag at goginio a bwyd wedi ei sefydlu'n llwyr. Ac ar ben hynny roedd fy mywyd cymdeithasol yn brysur ac er nad ydw i'n yfwr llwyddiannus (syrpréis syrpréis, ma'n neud i mi deimlo'n sic!) mi roedd tafarnau yn ganolfannau pwysig i gwrdd â ffrindiau i sgwrsio, cael hwyl, rhannu baich, fflyrtio (Aaaa! Bywyd cyn y gwefannau cymdeithasol...). Dyma ddegawd y *cocktails* hefyd a'r mwya hufennog a melys, y gora.

Ac am rai blynyddoedd wedyn, roedd fy *metabolism,* fy ieuenctid, fy stumog oriog o'm plaid. Hyd yn oed ar ôl geni dwy o 'nethod bach, mi gollais fy mhwysau babi (a mwy) yn rhwydd a diymdrech, a dydy hyn ddim yn beth anghyffredin i fam ifanc yng nghanol *chaos* a *stress* magu dau o blant dan ddwy oed. Roedd hyn yn hawdd. Ro'n i'n hwylio rhwng seis 10 a 12 heb funud o ymarfer corff ffurfiol na deiets strwythuredig.

Yna'n raddol, dechreuodd dillad seis 14 gyrraedd fy wardrob. Erbyn canol fy nhridegau roedd y meintiau yn dawnsio rhwng 10, 12 ac 14 ac yn un o'r cyfnodau 14, dwi'n cofio chwarae'n yr ardd efo'r g'nethod a mynd ar fy mhedwar er mwyn iddyn nhw neidio ar fy nghefn a chocsio mai ceffyl o'n i. Roedd Mam a Dad i lawr yn aros efo ni ac yn fy ngwylio'n cropian a gweryru wrth fynd â'r ledis bach i ochr arall yr ardd. Ac wedyn, dyma Mam yn dweud dan chwerthin, wrth edrych ar fy mhen ôl dyrchafedig, 'Ti'n dechra mynd yr un siâp â Nain Trelawnyd!' Roedd 'na eiliad o ddistawrwydd. Dad yn dweud 'Gwen!' yn dawel gyhuddgar a finna, mewn ymgais i ysgafnhau'r awyrgylch, yn dweud *'Charmin'!'* a chwerthin. A dyna sut fuodd hi. Roedd pwysau Nain Trelawnyd yn bell o fod yn gyfrinach deuluol.

Mae'n rhaid bod yr un sylw yna wedi taro rhyw nodyn rhywle yn fy isymwybod achos dyna ddechrau fy mlynyddoedd o ymarfer corff, deietio, colli pwysau, teimlo'n ffantastig, cyrraedd *plateau,* colli mynadd, pwysau'n dod 'nôl, teimlo'n rybish, aros felly am ychydig ac wedyn dechrau eto efo'r ffad deietegol diweddara. Trio cadw dan seis

12 oedd y nod bob tro. Yn 2001 mi o'n i'n benderfynol o wneud yr ymdrech eithaf er mwyn cyrraedd fy mhwysau a'm siâp delfrydol unwaith ac am byth. Ac mi lwyddais. Ro'n i'n dena, yn ffit, yn iach, yn edrych yn dda yn yr holl ddillad roedd colli'r pwysau wedi caniatáu i mi eu gwisgo.

Barodd o ddim yn hir ac nid trwy ddiffyg hunanddisgyblaeth y tro 'ma.

Ond salwch.

Heb yn wybod i mi ro'n i'n cario afiechyd genetig o'r enw *pemphigus vulgaris* – clefyd sy'n toddi'r gliw sy'n cadw celloedd y croen at ei gilydd gan achosi pothelli mawr, blin, a'r croen wedyn yn llithro oddi ar y corff. Roedd o'n arfer bod yn gyflwr angheuol, yn bennaf am fod y corff yn frith o friwiau agored fyddai'n fagned i facteria a hynny'n arwain at wenwyn gwaed. Hynny a *dehydration* oherwydd bod y pothelli yn y geg (maen nhw ym mhobman) yn gwneud bwyta ac yfed yn rhy boenus, hyd yn oed yfed dŵr. Does dim gwella ar y cyflwr.

Erbyn hyn mae un peth yn llwyddo i'w roi i gysgu, fel petai, ac mae'r driniaeth wedi achub miliynau o fywydau ar hyd y degawdau. Steroids. Meddyginiaeth anhygoel ond mae'r rhestr sgileffeithiau yn ddiddiwedd ac ar ben y rhestr... cynyddu pwysau. Roedd o'n salwch brwnt a phoenus ac mi fyddwn i wedi cymryd UNRHYW BETH i gael gwared arno, a'r cyfaddawd oedd ildio i'r sgileffaith yma.

Mi wnes i fagu pedair stôn wrth frwydro'r salwch. Ro'n i'n hollol grwn, roedd gen i'r *moon face*, sy'n sgileffaith nodweddiadol arall, ac aeth fy ngwallt yn denau a brau. Doeddwn i erioed wedi bod mor fawr a phob tro y cwrddwn i â rhywun nad oedd yn gwybod yr hanes, mi faswn i'n esbonio fy edrychiad yn syth. Mi ddechreuais beidio mynd i lefydd lle byddai yna lawer o bobl. Mi wnes i gwpwl o ymddangosiadau ar y teledu yn ystod y cyfnod dim ond i un cydnabod geisio codi fy nghalon trwy ddweud bod pawb yn meddwl 'mod i'n ddewr iawn yn mynd ar y teledu a finnau'n edrych fel roeddwn i!

Ond mi wellais. Fe wnaeth y steroids yr hyn maen nhw mor dda am ei wneud a rhoi cic go hegar i'r *pemphigus* i mewn i'r cysgodion, a fan'na mae o wedi bod ers hynny.

A dau fonws arall – fe dyfodd fy ngwallt yn ôl yn gyrliog neis a ges i bâr o fŵbs lyfli o'r diwedd! Ar ôl blynyddoedd o'u cymryd roedd y rhyddhad o'u gorffen yn anferth. Daeth fy wyneb yn ôl i'w siâp gwreiddiol a chydag ychydig o ymdrech, mi lwyddais i golli ychydig o bwysau.

Jyst mewn pryd ar gyfer y menopos!

Alla i ddim dweud 'mod i wedi bod trwy fenopos anodd, er na ches i gynnig unrhyw arweiniad na chymorth na HRT na Davina McCall na dim arall. Ond dechreuodd y bol chwyddo – y *menobelly* bondigrybwyll – a'r braster i setlo'n hapus ar fy nghluniau, fy mreichiau, fy nhintws, fy fferau. Mae'r deietio a'r ymarfer yn dechrau eto.

Wedyn yn pylu.

Wedyn yn gorffen yn llwyr.

Cyn dechrau eto.

Dwi ddim yn licio bod y maint ydw i. Dwi ddim yn licio gorfod dewis dillad i guddio 'nghorff. Dwi ddim yn licio dal fy hun yn y drych a digalonni. Dwi ddim yn licio lluniau ohona i, ac mi faswn i'n rhoi'r byd i gael bod yn seis 14 eto. Dwi'n dod i ben â'r ffordd dwi'n edrych drwy hiwmor a bychanu fi fy hun a dydy hynna ddim yn iawn, ydy o? Dwi'n cyfiawnhau fy siâp efo byddin o resymau (esgusodion) – oedran, genynnau, oriau gwaith, diffyg amser i ymarfer, fy nghariad angerddol am fwyd a choginio ('Dwi'm yn smocio, dwi'm yn yfed, bla bla bla... '), fy hanes steroidaidd, ond erbyn hyn mae 'na rywbeth arall wedi glanio yn fy myd sydd yn newid y stori unwaith eto.

Mae gen i ddau ŵyr, Jim a Morris, a fedra i'm dod o hyd i'r geiriau i ddisgrifio faint dwi'n eu caru nhw a chymaint dwi isio bod yn rhan bwysig o'u bywydau. Er mwyn gwneud hynny mae'n rhaid i mi gadw'n iach, ac er mwyn gwneud hynny... wel, dach chi'n gwbod y gweddill. Dwi ddim isio bod yn dena bellach, jyst yn iach, a chaf weld beth ddigwyddith fel sgileffaith i hynny.

Yn y cyfamser, dwi am gymryd dalen o hanes Nain Trelawnyd. O ystyried popeth, dwi'n meddwl bod gen i'r hawl i fod yn dalsyth a balch ac ydw, dwi'n gwbod 'mod i'n fawr ond mi alla i ei gario fo. Am rŵan.

O'r funud honno

Beth Jones

'Little Beth' neu 'Beth Bach' oedd fy ffugenw yn yr ysgol uwchradd, gan taw fi oedd y byrraf o chwech Bethan yn ein blwyddyn ni. Wel, a bod yn onest, fi oedd y ferch fyrraf yn y flwyddyn i gyd; roedd un bachgen yn llai na fi wedi dwyn teitl y person lleiaf. Ro'n i'n berson ifanc byr a thew ac felly mae'n siŵr 'mod i'n ffodus mai dyna'r ffugenw ges i ac nid 'Fat Beth' neu 'Beth Dew'!

Llwyddais i ddefnyddio fy hiwmor i guddio yn yr ysgol trwy fod yn ddoniol a gwneud hwyl ar ben fy nhaldra – doedd y pwyslais ddim ar fy mhwyse. Ges i fy mwlio, wrth gwrs, mae plant yn gallu bod yn gas, ond 'nes i ddysgu'r sgìl o heclo'n ôl. Mae hiwmor wedi bod yn help, ac weithie'n rhwystr, yn fy mywyd erioed.

Dechreuais i fagu pwyse pan o'n i tua deg oed. 'Puppy fat' bydde Mam yn ei alw, a doedd dim pryder amdano, roedd yn naturiol, yr hormonau, yn rhan o dyfu. Mae teulu fy mam a 'nhad yn hanesyddol yn bobl fyr a chadarn, y corff Cymreig. Dwi'n sicr 'mod i'n berson tal sy'n sownd mewn corff person byr, mae 'nghorff i'n debyg i'r cymeriad

Morph wedi cael ei sgwishio i lawr. Un diwrnod, pan o'n i newydd droi'n bedair ar ddeg, newidiodd pob dim. Wnaeth dynes mewn stondin iechyd gywilyddio fy mam o fy mlaen i ar faes yr Eisteddfod yn Ynys Môn. Gwaeddodd arni a'i galw hi'n fam wael am adael i mi fod mor dew, a honni byswn i'n farw erbyn i mi gyrraedd 20 oed a'i bai hi fydde pob dim.

O'r funud honno newidiodd popeth.

O'r funud honno 'nes i ddysgu i fod â chywilydd o fy nghorff.

O'r funud honno roedd pwyslais ar fy mhwyse bob un dydd.

Wrth gwrs, wnaeth sylwadau'r ddynes effeithio ar fy mam yn uffernol, a dwi'n gweld dim bai arni. Dwi isio mynd 'nôl mewn amser a rhoi cwtsh i Mam a slap i'r ast o ddynes. Ges i fy rhoi ar bob deiet – y Cabbage Diet oedd y gwaetha, am resymau gwyntog. Ro'n i'n pryderu bod *spies* gyda Mam yn yr ysgol, felly ro'n i'n neud nodyn o'r bwyd iach oedd yn y ffreutur bob dydd, a dweud 'mod i wedi bwyta'r rheiny – er i fi gael *chips* neu gacen. Daeth bwyd yn Enemy Number One, ond hefyd yn ffrind ac yn gysur ar yr un adeg – perthynas tocsig iawn. 'Nes i ddim colli pwyse, es i'n fwy, a jyst dysgu sut i guddio y tu ôl i hiwmor, dweud celwydd yn dda ac i fod â chywilydd yndda i fy hun. Ro'n i'n teimlo'n flin, yn unig a di-werth.

Yr haf 'nes i gwblhau fy TGAU dechreuais chwarae rygbi i dîm merched Dinbych. Am y tro cyntaf mewn blynyddoedd doedd fy mhwyse ddim yn broblem. Ro'n i wedi chwarae rygbi yn 8–10 oed, ond ar ôl hynny doedd Taid ddim yn hoffi'r syniad ohona i'n chwarae yn erbyn bechgyn yn fy arddegau, a doedd dim tîm genod, felly 'nes i orfod stopio. Doedd dim un math o chwaraeon arall yn llenwi bwlch y rygbi, do'n i ddim yn ffitio i ddelwedd ffitrwydd, a byth yn cael fy newis mewn timau, felly collais ddiddordeb.

Ar ôl haf o wneud ymarfer corff ro'n i'n mwynhau, es i'n ôl i'r Chweched Dosbarth wedi mynd o faint 18/20 i 12/14. Dwi'n cofio clywed ffrind yn neud sylw i ffrind arall (dau fachgen), 'Wyt ti 'di gweld Beth Bach? Mae hi'n edrych yn ffit!' Sylw hyfryd i'w glywed, ond yn anffodus, gyda'r holl gasineb oedd gen i tuag ataf fy hun, dechreuais ar daith dywyll. Ar ôl llwyddo i golli pwyse ar y dechrau wrth chwarae rygbi, ro'n i wedi cyrraedd *plateau*, a doedd fy mherthynas tocsig efo bwyd heb ddiflannu.

Tua'r un adeg cafodd fy Anti Eluned ddiagnosis o ganser ac fe gollodd hi lot o bwyse. Roedd y cemotherapi yn ei gwneud hi'n sâl ac roedd hi'n methu stumogi bwyd. Roedd Eluned yn fwy fel nain i mi, a bysen ni'n ei galw hi a'i gŵr Harris yn Nana a Tada Smyrff. Roedd y ddau ohonyn nhw yn fyr hefyd ac roedd Eluned ychydig dros ei phwyse. Cafodd ei salwch hi effaith fawr arna i. Yn fy ymennydd arddegau 'nes i blethu bob poen; canser fy anti, y cywilydd am fy nghorff a pherthynas â bwyd i gyd yn un *mess* mawr, a thyfodd hyn yn anhwylder bwyta. Bues i am flynyddoedd yn brwydro, yn gyfrinachol, efo bwlimia. 'Nes i lwyddo i golli ychydig mwy o bwyse, a byse pob sylw, negyddol neu gadarnhaol, yn bwydo'r salwch. Brwydrais efo hyn mewn pyliau tan canol fy ugeiniau – byswn i'n iawn am fisoedd ac wedyn bydde rhywbeth yn achosi'r salwch i ddod 'nôl am gyfnod.

Ges i ddiagnosis o *underactive thyroid* yn 23 oed. Roedd y doctor yn amharod i neud y prawf i ddechrau ond wedi i fi sôn am fy symptomau ges i brawf gwaed. Er syndod mawr i'r doctor roedd fy lefelau thyroid yn isel iawn. Dwi'n cofio'r doctor yn sôn bydde'n ddiddorol gweld os baswn i'n colli pwyse ar ôl dechrau ar y tabledi. Sylw hollol randym ac annisgwyl, oherwydd doedden ni ddim wedi siarad am fy mhwyse

---

Yn fy ngyrfa rygbi tydy fy mhwyse byth wedi bod yn broblem. Ro'n i'n gallu rhedeg lled y cae yn gyflym ac wrth edrych arna i doedd neb o'r tîm arall yn ei ddisgwyl, ac ro'n i fel fflach o olau yn rhedeg i lawr y cae efo'r bêl yn fy nwylo.

---

cyn hynny. Eniwe, 'nes i ddim, ac roedd y llais yn fy mhen yn llawn geiriau negyddol, a daeth y salwch yn ôl am gyfnod.

Ar ôl arholiadau Lefel A 'nes i barhau i chwarae rygbi yn y brifysgol ym Mangor, a dod o hyd i fy nghymuned i o bobl – ffrindiau sydd gen i hyd heddiw. Trwy bob dim mae rygbi wedi bod yno i fi. Yn fy ngyrfa rygbi tydy fy mhwyse byth wedi bod yn broblem. Ro'n i'n gallu rhedeg lled y cae yn gyflym ac wrth edrych arna i doedd neb o'r tîm arall yn ei ddisgwyl, ac ro'n i fel fflach o olau yn rhedeg i lawr y cae efo'r bêl yn fy nwylo. A dyma ble ges i fy ffugenw newydd, Sparky – ffugenw sy'n dal i gael ei ddefnyddio hyd heddiw gan fy nheulu rygbi, a'u plant! Ffugenw oedd yn dangos rhywbeth positif amdana i.

Erbyn hyn, dwi bron yn 40 ac yn chwarae i Glwb Rygbi Cymry Caerdydd. Dwi wedi bod braidd *off and on* yn y blynyddoedd diwetha yn cael plant, a dod dros anaf i fy nhendon Achilles, ac yn ddiweddar, anaf i fy mhen-glin, ond rhywsut dwi'n methu rhoi'r gorau i rygbi eto! Dwi'n cofio sôn wrth fy hyfforddwr un tro 'mod i eisiau colli pwyse a'i hymateb hi oedd, 'O, na, 'dan ni angen dy bwyse yn y sgrym!'

Mae fy nghorff i jyst yn gwybod beth i'w neud mewn gêm rygbi, fel dawnsio i fy hoff gân, mae 'nghorff yn ymateb heb i fi orfod meddwl gormod.

Mae fy nghorff i jyst yn gwybod beth i'w neud mewn gêm rygbi, fel dawnsio i fy hoff gân, mae 'nghorff yn ymateb heb i fi orfod meddwl gormod. Troi fy ymennydd i ffwrdd o'r byd a meddwl am ddim byd heblaw'r gêm. Ar y cae rygbi dwi'n rhydd, yn fi, ac mae fy nghorff i'n anhygoel!

Daeth y troad efo fy mherthynas â 'nghorff ar ôl cael plant. Mae gen i *mum pouch* ar ôl cael dau Caesarean, sy'n aml yn gwasgu botwm dechrau'r *dishwasher* wrth i fi rwbio heibio.

Ond 'nath fy nghorff anhygoel i, ar ôl blynyddoedd o gael ei gasáu, greu dau fywyd. Mae'n blymin *amazing*! Dwi ddim am siarad yn negyddol amdano o flaen fy merch na fy mab, dwi am ddangos iddyn nhw'r creithiau a'r straeon o'r holl bethau anhygoel mae fy nghorff wedi neud efo fi dros y blynyddoedd.

Dwi wedi llwyddo i greu gyrfa o 'ngallu i droi at hiwmor drwy fod yn berfformwraig *stand-up*. Mae lot o sylwadau am fy nhaldra yn y set, ond tan yn ddiweddar dwi heb sôn am fy mhwyse. Wedi blynyddoedd o wylio ffilmiau lle mae'r ferch dew yn destun sbort, mae creu jôc am fy mhwyse wedi bod yn un cam yn rhy bell. Ond erbyn hyn mae'r ffaith bod fy mol yn rhwbio mwd o fymper y car bob tro dwi'n trio estyn i mewn iddo yn ddoniol, achos mae bod yn fyr ac yn dew yn sialens ychwanegol. Does dim cywilydd bellach. Dyma fi. Dwi'n caru pob un bwmp a chraith.

Dwi'n meddwl yn aml, petai'r ddynes yna heb godi cywilydd ar fy mam, a faswn i wedi colli'r pwyse yn naturiol? Faswn i wedi magu perthynas iach efo bwyd a chariad tuag at fy nghorff yn gynt, yn lle blynyddoedd o gywilydd a siom? Does ganddi hi ddim syniad am yr effaith gafodd hi ar fy mywyd. Mae'r unig gywilydd dwi'n ei deimlo nawr tuag ati hi a'i thafod miniog.

> **Mae lot o sylwadau am fy nhaldra yn y set, ond tan yn ddiweddar dwi heb sôn am fy mhwyse.**

Fy llythyr i ti

Mari Gwenllian

Croeso i'r byd, Mari Gwenllian fach, a chroeso adre i fferm fach yn y wlad ar gyrion Aberystwyth. Yma i edrych ar dy ôl di mae dy chwiorydd hŷn – yn anffodus yn mynd i dy wisgo di mewn bin bags ar gyfer cyngherddau teuluol cyn i ti hyd yn oed allu siarad. Ti'n mynd i fod yn hollol obsesd gyda bwydo ieir a neud *mud pies* a phan ti'n wyth oed ti'n mynd i ga'l ci Jack Russell bach a ti'n mynd i, am ryw reswm, ei alw fe'n Snwff… This is the life, Maz.

DY ARDDEGAU
Dyma pryd ma'r *clichés* yn dechre. Ti'n mynd i fynd o ysgol gynradd gyda 12 disgybl i ysgol uwchradd gyda tua 600. Ma'n mynd i fod yn *overwhelming*, ti'n mynd i drio ffitio mewn i griwiau gwahanol, ma'n mynd i fod yn anodd, a ti'n mynd i neud dewisiade diddorol.

Erbyn i ti gyrraedd 16 oed bydd 'da ti dy *boyfriend* hirdymor cynta – ma fe'n mynd i fod yn llai na ti yn gorfforol. Dyma pryd ma lot o broblemau hyder corff ti'n mynd i ddechre, ocê? Ma fe'n mynd i fod yn berson slim naturiol a dyw e ddim yn deall pam bod ti'n bwyta mwy nag e. Ma fe'n mynd i gynnig ffyrdd gwahanol i ti drio colli pwyse bob hyn a hyn (mewn ffordd ma fe'n meddwl sy'n gefnogol – dyw e jyst ddim yn deall). Ti ddim yn mynd i ga'l y *thing* 'na ble ti'n gallu gwisgo dillad dy gariad, a bod yn *oversized chic*. Ma hyn i gyd yn hollol ffain ond dyw e ddim yn mynd i deimlo fel 'na ar y pryd.

Yn y cyfnod yma ti'n mynd i ddechre mynd mas i gymdeithasu (*strap yourself in*). Bydd bron bob noson mas yn dechre mewn tŷ ffrind gwahanol a byddwch chi'n paratoi gyda'ch gilydd. Bydd dillad dy ffrindie yn aml yn rhy fach i ti a dy ddillad di yn neud steil *oversized chic* neis i rai ohonyn nhw. Weithie byddi di'n cael dy hun yn barod gyda dy chwiorydd – y ddwy ohonyn nhw'n siâp a maint hollol wahanol i ti. Ti'n mynd i ga'l *meltdowns*. Bydd cwpl o nosweithie pan ti'n newid dillad 10 i 12 gwaith cyn mynd mas, ac yn y diwedd yn canslo achos bod ti 'di penderfynu bod ti'n edrych yn horibl yn *absolutely* popeth. Byddi di moyn tynnu dy groen bant – ca'l llond llaw o groen a ffat oddi ar dy fol a breuddwydio ei fod e ddim 'na. Fyddi di ddim yn mynd mas, ond yn gorwedd yn y gwely yn crio yn lle hynny, a byddi di'n colli neud atgofion da gyda dy ffrindie a dy chwiorydd achos dy berthynas negatif â dy gorff.

Gwylie'r Chweched i Kavos. Am ddau neu dri mis cyn mynd ma'r grŵp ffrindie (gan gynnwys ti) yn sôn am 'skinny for Kavos' a chi'n mynd i ddefnyddio hynna fel esgus i beidio byta digon cyn mynd. *Hate to break it to you*, ond ti ddim yn mynd i golli pwyse cyn mynd. Ti'n mynd i fynd ar y gwylie ac yn anffodus ma rhyw fachgen o gwmpas y pwll yn mynd i alw ti'n The Fat One. Ma hynna'n mynd i frifo.

DY UGEINIAU
'Best years of my life' ma pawb yn honni… *No pressure*. Ond ma bŵbs ffantastig ti'n mynd i gicio mewn, felly joia! Bydd dy ugeiniau'n dechre trwy boeni lot mwy am dy groen na siâp dy gorff. Ma'r acne ti 'di ga'l ers 15 oed yn mynd i newid gêr. Dyma'r oedran ma rhan fwya o bobl yn tyfu mas o acne ond ma dy un di'n megis dechre.

Ma'n mynd i fod yn boenus – yn llythrennol ac yn feddyliol. Ma'r acne a gorffen gyda dy gariad yn mynd i achosi stres so ma *psoriasis* ti hefyd yn mynd i fynd yn waeth – *stay strong*, Mari! Ti'n mynd i ddechre teimlo'n hyll yn ogystal ag yn dew. 'Character building' bydde Mam yn ei alw fe, so tria jyst mynd trwy'r foment a siarad gyda dy deulu a ffrindie am sut ti'n teimlo.

Tua canol dy ugeiniau ti'n cael *tonsilitis* am y tro cynta – ma'n stint gwael ac ma dy system imiwnedd di'n gorfod gweithio'n rhy galed. Ma hyn yn achosi cangen newydd o *psoriasis* (ieeei!). Ma'r *psoriasis* yma dros dy gorff i gyd yn lle jyst dy sgalp a phenelinoedd. Ma hyn yn mynd i roi tolc mawr i dy hyder corfforol, sy'n eitha gwan fel ma hi. Ar ôl gwylie i Sri Lanka gyda dy ffrindie (lot o lunie *candid*) ti'n penderfynu bod hi'n amser i rywbeth newid a ti'n ca'l PT.

Dyma fe. Dyma ddechre'r newid. Ma'r Personal Trainer yn neis (ac yn bert…) so ti'n hapus i fynd a thalu am sesiwn bob wthnos. Wrth ddysgu gyment am sut i ymarfer a chodi pwyse'n iawn ti'n dod i werthfawrogi cryfder dy gorff. Ti'n gallu codi pwyse mawr trwm a ti'n methu credu bod y corff 'ma ti wastad wedi meddwl sy'n ddi-werth yn gallu neud y stwff ti'n gweld y 'gym girlies' yn ei neud ar Instagram!

Trwy fwynhau mynd i'r gampfa a gweld cynnydd yn dy gryfder ti'n dechre mynd yn fwy cyson – ti'n dechre colli pwyse ac ma siâp dy gorff yn newid. Ti 'di neud e! Ti 'di colli pwyse am y tro cynta yn dy fywyd ac ma'r hyder yn carlamu trwyddot ti erbyn hyn. Ti'n gallu gwisgo dillad o dy arddegau (ddylet ti *probably ddim* fod 'di cadw ond fel 'na ma hi) ac ma popeth yn *amazing*, ti'n teimlo mor ffabiwlys a hot.

Ti'n magu gyment o hyder ynddot ti dy hunan fel person fel bod ti'n rhoi'r gore i dy swydd ran-amser i ganolbwyntio ar dy fusnes bach, HIWTI. Ti'n casglu lot mwy o ddilynwyr ar Instagram i weld dy gelf a'r broses greu.

BOOM, LOCKDOWN

Wel shit, ma'r byd yn dod i ben, ond druan â ti – yn bennaf achos ti ddim yn gallu mynd i neud *back rack squats* (AKA *slut drops* o flân y PT pert) rhagor. Ti'n byw ar

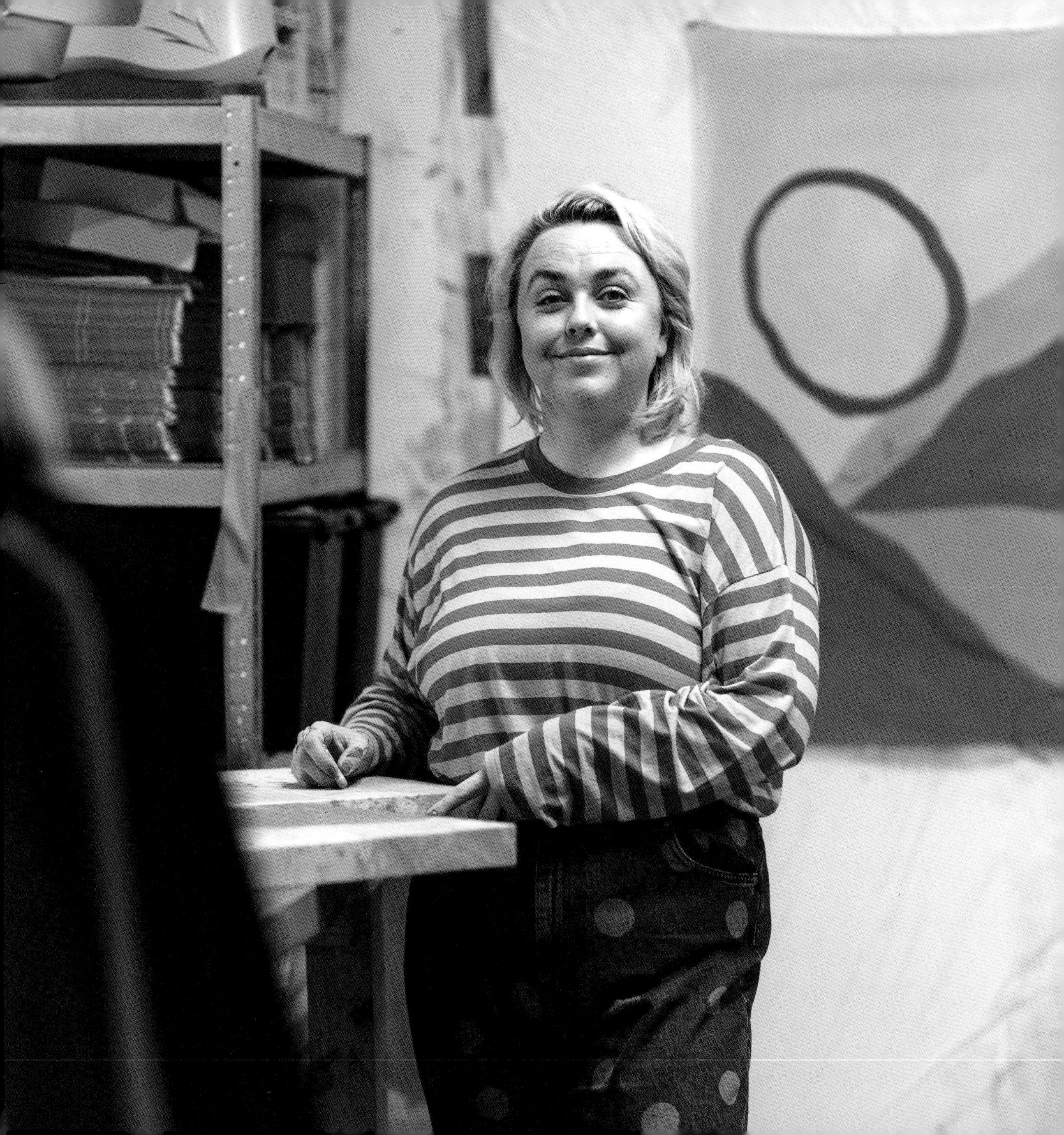

ben dy hunan a 'di ffindio obsesiwn newydd mewn coginio *oat & raisin cookies*. Pwy feddylie bod neud jigsos a gwylio *Normal People* ddim yn llosgi calorïau yr un peth â neud *walking lunges*?

Ocê, so ti'n rhoi bach o bwyse mlân ond ma 'na'n iawn achos byddi di'n mynd syth 'nôl unwaith ma'r clo mawr yn codi. Flwyddyn yn ddiweddarach a ti'n gallu mynd 'nôl i godi pwyse'n iawn. Ooo, ma'n rili anodd mynd 'nôl a chael yr un *motivation* nawr, ti'n fwy tlawd ac yn methu fforddio PT bob wthnos ac ma pob dim yn llithro'n araf yn ôl i shwt o'dd pethe.

Am ryw reswm, ti'n penderfynu rhannu dy stori am dy hyder corff mewn fideo ar Instagram mewn nics a bra – i dy holl ddilynwyr. *TERRIFYING*. Yn sydyn ma negeseuon yn tywallt i mewn i dy DMs gan bobl sy'n uniaethu gyda sut ti'n teimlo, a ti'n cael y blas cynta go iawn o faint o bobl sy'n teimlo'r un peth, a faint o bobl sy'n gwerthfawrogi clywed ti'n dweud y pethe hynny yn gyhoeddus.

Mae gweld rhywun yn gwerthfawrogi ac yn dathlu'r darnau ti'n casáu am dy gorff di yn gallu newid y ffordd ti'n gweld y bits 'na hefyd.

Ti'n dechre dilyn lot o dudalennau hyder corff, positifrwydd corff a phobl gyda chorff tebyg i ti, ac ma'n neud byd o wahaniaeth i dy berthynas gyda dy gorff dy hunan. Ma gweld rhywun yn gwerthfawrogi ac yn dathlu'r darnau ti'n eu casáu am dy gorff di yn gallu newid y ffordd ti'n gweld y bits 'na hefyd. Ma hyn yn sydyn iawn yn troi'n rhannu dy brofiade a rhoi tips am hyder corff ar dy dudalen oedd i fod ar gyfer rhannu dy waith celf. Ma'n rhaid bod ffordd o gyfuno'r ddau… Cyn i ti droi rownd ti'n neud noethlunie ac yn eu printio nhw ar ddillad. Ma lot o'r noethlunie wedi'u seilio ar siâp dy gorff di – ac ma pobl moyn prynu nhw! *What?!*

Y PRESENNOL

Croeso i'r presennol! Dyma fi, yn 29 oed, yn sgwennu hwn yn nhŷ Mam – wyt, ti dal angen mam i roi ti'n ôl gyda'i gilydd weithie, ma hynna'n iawn.

Fi nawr yn fwy yn gorfforol na fi erioed wedi bod ac yn hapusach ac yn fwy cyfforddus yn fy nghorff nag o'r blân. Bydde Mari 16 mlwydd oed yn *disgusted* wrth weld fy nghorff i nawr, a 'mod i'n rhannu llunie o 'nghorff yn gyhoeddus, yr *hip dips*, y *psoriasis*, y *stretch marks*... Ond dyma un o'r pethe gore fi 'di'i neud. Trwy rannu'r pethe fi wastad wedi trio'u cuddio, fi'n cymryd y pŵer sy gyda nhw i frifo fi. Tase rhywun yn trio brifo fy nheimlade nawr trwy ddweud 'Yyy, ma *hip dips* ti'n hiwj' (bydde hyn yn *crazy* i'w neud a does neb yn fy mywyd erioed 'di bod mor gas am y ffordd fi'n edrych, jyst brên fy hunan) bydden i'n gallu ymateb gyda, 'Mmm, na, 'nest ti weld nhw ar Instagram? Ciwt nag y'n nhw?' Mic drop.

Fi'n gwbod bod hi ddim yn realistig i ddisgwyl i bobl roi llunie o'u hunen ar Instagram a dathlu pob darn o'u corff. Fi wastad yn trio annog pobl i gymryd lluniau o'u corff yn noeth neu mewn bicini neu be bynnag maen nhw'n teimlo'n gyfforddus ynddo, ond mewn ffordd sy'n garedig yn esthetig – golau neis, gwisgo colur falle, gwallt wedi'i steilio, cymryd nhw o ddifri fel *photoshoot* i ti dy hun i werthfawrogi. Wrth i ti ddod i arfer â gweld lluniau o dy gorff ti'n gallu dechre cymryd rhai bach mwy *candid*, heb gyment o ymdrech gyda'r colur ayyb. Cario mlân i fynd nes dy fod di ddim yn osgoi adlewyrchiad o dy hunan a bod dim ongl neu lun yn sioc i ti pan maen nhw mas o dy reolaeth di.

Fi wastad yn trio annog pobl i gymryd lluniau o'u corff yn noeth neu mewn bicini neu be bynnag maen nhw'n teimlo'n gyfforddus ynddo ...

Yn bwysicach na dim, ma angen i ti newid dy fonolog mewnol am dy gorff. Dyma ran anoddaf y siwrne gyfan – ond y rhan bwysicaf. Ma sawl ffordd o neud hyn, ma angen gweithio'n gyson i helpu dy hunan, ond ma fe werth bob eiliad. Y peth cyntaf i'w neud yw arbed dy hun rhag dweud pethe negatif am dy gorff mas yn uchel – i bobl eraill neu i ti dy hunan. Ma'n RHAID i ti beidio neud hyn – ma fe'n cadarnhau mas yn uchel bod ti ddim yn haeddiannol.

Ffordd arall dda o helpu dy fonolog mewnol yw bob tro ti'n meddwl neu'n dweud rhywbeth negatif am dy hunan ma'n rhaid i ti ddweud rhywbeth positif am y ffordd ti'n edrych hefyd – ddim 'Ocê, fi'n dew ac yn hyll OND fi'n ddoniol.' Na. Canolbwyntio yn unig ar y ffordd ti'n edrych, e.e. os ti'n gweld dy hunan yn y drych ac yn meddwl 'Ych-a-fi, drycha'r bol mawr 'na', ma'n rhaid i ti foddi'r meddylfryd 'na gyda: 'Ma coese mor gryf gyda fi, gwallt gorjys a phen-ôl i falanso paned o de arno fe'.

Os na fyddet ti'n dweud e am gorff rhywun arall, pam ar wyneb y ddaear wyt ti'n meddwl bod ti'n haeddu clywed e amdanot ti dy hunan?

Fi'n anti nawr (y peth gore *ever*), a'r peth ola fi byth moyn clywed yw rhywbeth negatif yn dod mas o gegau fy *nibling*s am y ffordd maen nhw'n edrych. Fi'n cymryd fy swydd fel anti o ddifri, a fy nghyfrifoldeb i yw neud yn siŵr eu bod nhw byth yn teimlo'r un ffordd ag ro'n i'n teimlo am fy nghorff. Ma Wini (sy'n dair ar hyn o bryd) yn edrych arni hi ei hunan yn y drych ac yn dweud pethe fel 'Wow, fi'n edrych mor cŵl heddi!' ac ma 'nghalon i'n ffrwydro. Dyma sut ddyle pawb yn y byd weld eu hunen yn y drych. *Be more like* Wini.

Diolch am ddarllen fy llythyr *self indulgent* i fi fy hunan. Gobeithio'ch bod chi'n gallu cymryd rhywbeth positif ohono fe. Carwch eich hunan, ma bywyd lot rhy fyr i boeni am bach o fflab.

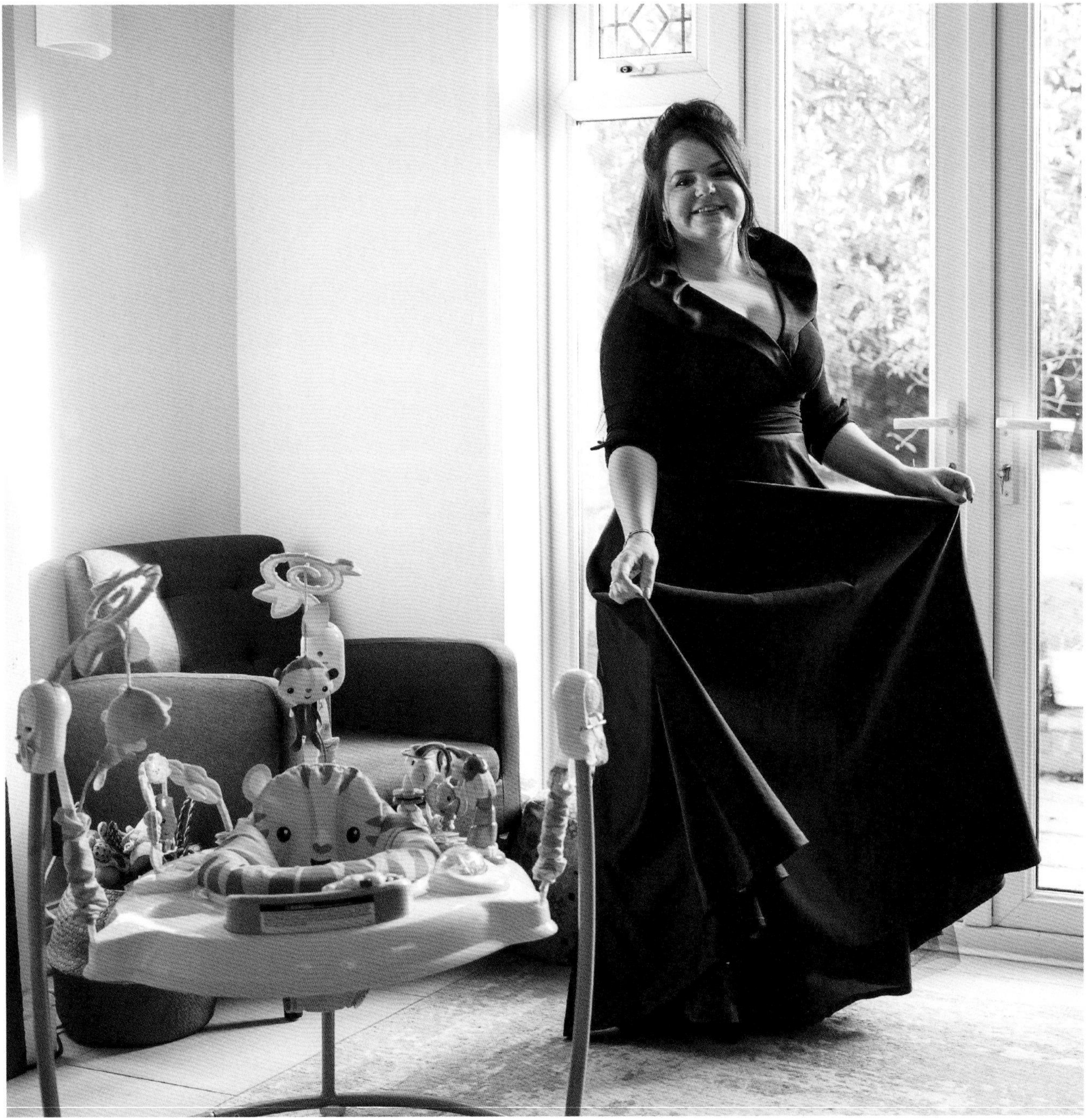

Lico'r ffrog

Jessica Robinson

Dwi wastad wedi bod yn *curvy* ac erbyn hyn wedi creu moto i fy hunan – 'Chunky but Funky' – achos jyst triwch stopio fi rhag neud y *dance routine* gyfan i 'Proud Mary', pryd bynnag ddaw'r gân mlân!

Ta beth, dwi'n siŵr bod *double chin* wedi bod 'da fi ers y Dosbarth Meithrin a rhywbeth dwi'n meddwl amdano yn fynych yw pryd a ble 'nes i sylwi bo' fi ddim yn denau? Pa oedran 'nes i ddod yn ymwybodol o siâp fy nghorff i a bo' fi'n fwy na'r merched eraill yn y dosbarth? Ond yn fwy na hynny, bod hynny'n beth gwael? Dwi'n cofio digwyddiad yn yr ysgol gynradd – gyda'r grŵp dawnsio disgo – a theimlo fel 'sen i'n sefyll mas gan bo' fi ddim mor denau, ddim mor 'bert', a mynd 'nôl gatre ac achwyn wrth Mam.

'Ond ti'n gryf, Jess,' wedd ei hateb hi. 'Sa i'n credu bod rhai o'r merched 'na'n gallu neud *cartwheel* mor dda â ti, achos ti yw un o'r cryfa.'

Erbyn hyn, yn anffodus dwi dal ddim yn denau ac yn bendant yn methu gwneud na hyd yn oed roi cynnig ar *cartwheel*... Yn wir, dwi'n credu bydde neud roli poli yn stretsh!

I chi sy ddim yn nabod fi, dwi'n 5′ 2″ ac ma wompyn o ben-ôl arna i... Dyw hyn ddim yn hunanddibrisio, ma fe'n ffaith! Ges i'r enw 'Robinson Rump' yn yr ysgol uwchradd ac erbyn hyn yn itha lico bo' fi ddim yn cael 'y nghofio fel y *teenager* lletchwith ond am ben-ôl a hanner! Dwi'n rhan o genhedlaeth gath eu magu yn y nawdege pan wedd hysbysebion ofnadwy yn cael eu darlledu am bwyse. Erbyn hyn, dwi'n rhan o genhedlaeth y cyfryngau cymdeithasol ble ma pwyslais ofnadwy ar ddelwedd... ond hefyd dwi'n rhan o'r camau cyntaf ma rhai'n eu gwneud i newid y ffordd o siarad am ddelwedd.

> **Roedd delwedd yn beth mawr, ac ma fe o hyd, a hyd yn oed yr athrawon yn dweud wrth ferched bod isie colli pwyse ar gyfer gweithio yn y diwydiant**

Er bo' fi lot rhy hen, dwi'n ffan mawr o TikTok, fideos byr doniol, rhai'n rhannu *life hacks* ac wedi bod yn help mawr wrth fwydo Gruff, fy mabi newydd, am dri y bore! Ta beth, cafodd lot o gwestiynau eu hateb i fi pan 'nath fideo ddod lan o hysbysebion colli pwyse o'r nawdege. Erchyll. Shwt wedd hawl dweud y fath bethe?! Merched, os cafoch chi eich geni yn y nawdege cynnar a ddim cweit yn deall pam ma gyda chi obsesiwn gyda'ch pwyse, cerwch i weld hwn. *Shocking!*

Ar ôl gorffen yr ysgol, ges i le yng Ngholeg Cerdd a Drama Cymru i astudio'r Llais. Wedd canu o hyd wedi bod yn rhywbeth wen i'n mwynhau ond nawr, wedd e'n rhywbeth lot mwy *intense* a meddwl am yrfa yn y byd yma'n agoriad llygad. Yn naïf iawn, 'nes i ddychmygu cantorion opera fel y llun cartŵn 'na o fenyw fowr yn dal ffon ac yn gwisgo het Brünhilde, ond nid hynny wedd yn wir. Roedd delwedd yn beth mawr, a ma fe o hyd, a hyd yn oed yr athrawon yn dweud wrth ferched bod isie colli pwyse ar gyfer gweithio yn y diwydiant.

Er gwaetha'r blynyddoedd o astudio, yr ymarfer, y perffeithio, yr un frawddeg sy'n dod lan o hyd, sef: 'Wwww, lico'r ffrog!' Yn anffodus, yn y byd dwi ynddo, cyn i fi ganu nodyn, ma'r beirniaid wedi dechre!

Llynedd, ges i'r fraint o gynrychioli Cymru yng nghystadleuaeth Canwr y Byd – breuddwyd yn cael ei gwireddu. Wen i wedi neud yr ymarfer, wedi ailadrodd y geirie tan bo'r gŵr, y cymdogion a'r ci druan yn gallu eu hadrodd nhw hefyd, ac yn teimlo'n barod am yr her. OND, y cwestiwn ym mhob cyfweliad radio, teledu ac wrth gwrs gyda Mam, 'Ti 'di penderfynu ar ffrog?' A 'Na' wedd yr ateb. Un, achos wedd pethe pwysicach gyda fi i feddwl amdanyn nhw. A dau, a bod yn onest, dyna'r darn sydd gas gen i fwya – dewis ffrog sy'n mynd i fy helpu i deimlo'n dda ar lwyfan.

Yn wir, ma rhai pethe, fel pwyse, o fewn fy ngallu i'w newid, ond weithie ma problem arall yn gallu codi. Dwi'n cofio cael clyweliad ar gyfer rhan a meddwl bo' fi wedi rhoi go dda arni, ond ches i ddim y rôl. Y syndod wedyn o ffeindo mas bo' fi'n rhy fyr ar gyfer y rhan, wedd yn itha doniol. Sa i'n credu 'nath Mozart erioed nodi taldra'r soprano ar gyfer yr un aria, ond dyna'r byd ry'n ni ynddo!

Er bod pobl yn gallu bod yn gefnogol tu hwnt ma nhw hefyd yn gallu bod yn ddiflewyn-ar-dafod, ac mewn ffordd ma hyn wedi rhoi'r hyfforddiant gore er mwyn mentro i'r byd canu, er enghraifft, 'Duw, wet ti'n edrych fel Wednesday Addams lan 'na heddi yn dy ffrog ddu' neu 'Ma angen bach o liw...' neu 'Beth am ffrog mwy *flattering* ar yr hips?'!

Felly, pan dda'th hi'n amser i brynu ffrog briodas, wen i wedi arfer mynd am ffrog fydde'n cwato lled yr hips, yn *flattering*, ddim yn rhy 'wahanol'. Wen i ddim cweit yn siŵr os wen i'n gwbod beth wedd bwysica – beth wen i'n lico neu beth i'w wisgo er mwyn plesio pobl eraill. Felly 'nes i fynd i siopa ar ben fy hunan. Wedi arfer â gwisgo ffrog hir ar gyfer y gwaith, wen i am gael rhywbeth i Jess y person, dim Jess y gantores. Ar ôl trial lot o ffrogiau *A-line* traddodiadol, 'nath menyw'r siop ddod ag un siâp *fishtail*...

'Absolutely not!' medde fi. 'I'm wider than I am tall. That will look awful.'

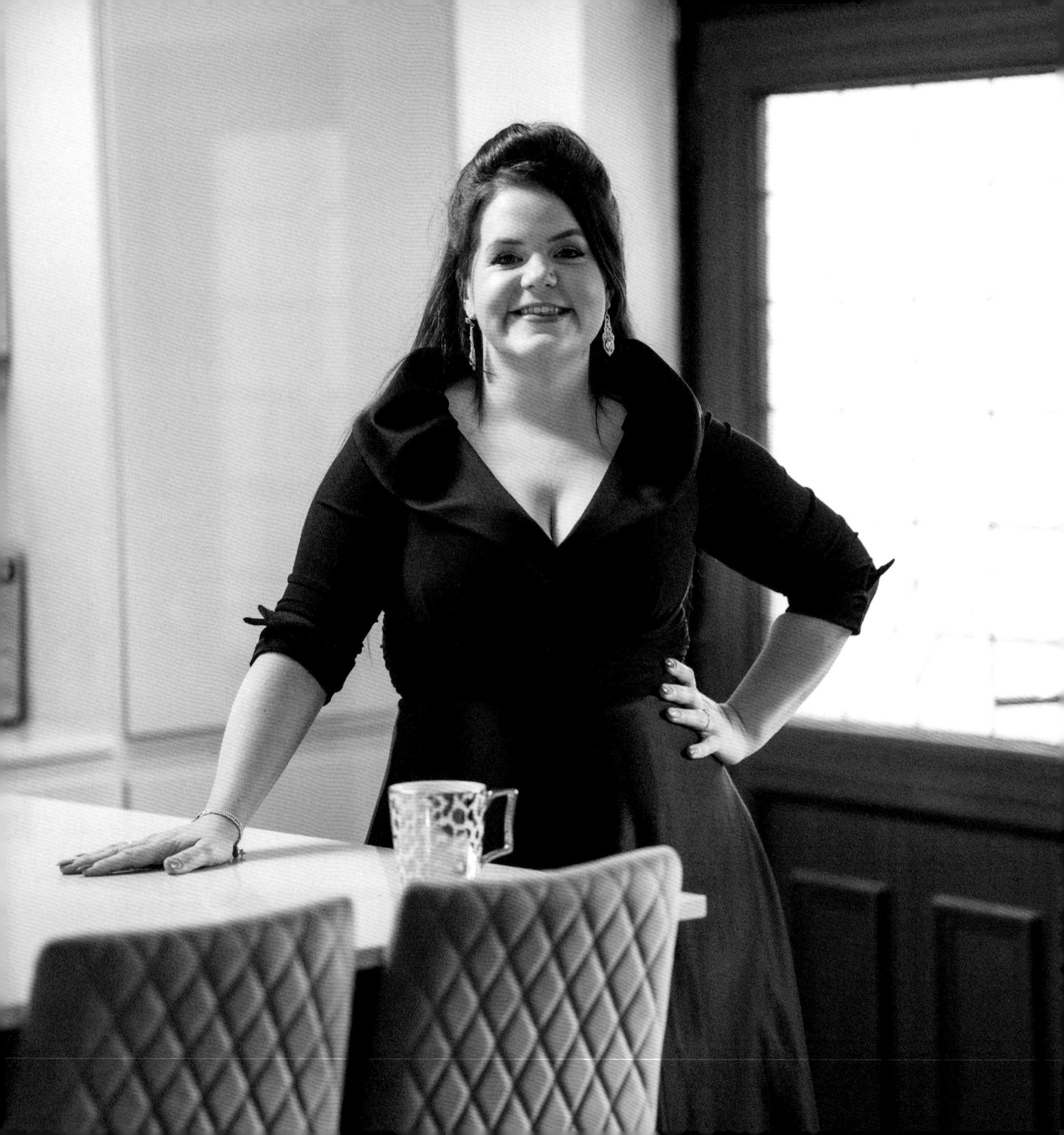

'But why? You've got curves, flaunt them, I'd love to have an hourglass figure!'

A dyna ble wen i, wedi bod yn edmygu ei siâp *hi*?! Ta beth, 'nes i drio'r ffrog *fishtail*, a chael sioc am y gore. Wedd yr hips yn amlwg wrth gwrs, ond hefyd, fi! Siâp fi, dim ymddiheuriade, a 'nes i lico hynna! O'r diwedd, wedi cyrra'dd oedran lle ro'dd fy hunan-werth i ddim yn seiliedig ar bwyse, a *curvy* fydda i, achos ma bywyd yn rhy fyr i ddweud 'na' i Custard Cream!

Un o'n hoff ddiddordebau wedd y Clwb Ffermwyr Ifanc, ac yn benodol, tynnu rhaff. 'Nes i lwyddo i fynd o dynnu rhaff i'r clwb, i'r Sir ac yna i gynrychioli Cymru. A chredwch neu beidio, wedd fy nhaldra yn berffaith ar gyfer rhif 1 ar y rhaff, a dwi'n cofio'r *coach* yn dweud, 'Though she be little, she is fierce!'

Er bod tynnu rhaff wedi apelio, wedd ymarfer corff yn fater gwahanol! Roedd meddwl am redeg traws gwlad yn troi'r stwmog, ond yna da'th y cyfnod clo. Diolch i *trend* newydd ar Instagram wedd pobl yn rhedeg 5k, cyfrannu £5 ac yn enwebu 5 person arall i redeg 5k. Wen i wedi osgoi'r fath sialens am sbel fach, tan i fi weld y *notification* ar y ffôn oddi wrth ffrind, a wen i'n gwbod beth wedd yn dod… Ar ôl diawlio'r ffrind am hanner awr, siarad fy hunan mewn, ac wedyn mas, o neud yr her… ond rili, pa mor anodd galle fe fod?! Wen i mewn rhyw fath o *denial* am fy ffitrwydd, ond es i ati i redeg… a nefi blw, ges i sioc! Fel plentyn ar siwrne hir, 'nes i ofyn, 'Ni 'na 'to?' tua dwsin o weithie, a methu credu bod ni braidd wedi cyrra'dd hanner ffordd. Fel bitrwtsen chwyslyd 'nes i gyrra'dd 'nôl i'r tŷ, a methu credu bod 5k wedi bron â'm lladd i, a phenderfynu yn y fan a'r lle bod angen gwella'r ffitrwydd. Wedd pwyse ddim yn rhan o'r penderfyniad, ond gwbod bod fy nghorff 30 mlwydd oed i'n methu neud 5k! 'Nes i lawrlwytho ap *Couch to 5k* ac ar ôl dau fis o ymladd gyda fy hunan dair gwaith yr wythnos a gwrando ar Michael Johnson yn pregethu yn fy nghlustie, 'nes i lwyddo! Wedd pawb yn dweud: 'Arhosa di, gei di'r *bug* nawr, arhosa di!' Ond alla i ddweud yn glir, dyw rhedeg ddim i fi. Dwi dal fel bitrwtsen, ond yn gallu neud e, a dal i aros ydw i am y *bug*! Ond ma gwrando ar Meat Loaf yn bendant yn helpu dipyn bach!

Ma bod mewn gyrfa â gymaint o bwyslais ar edrychiad yn gallu bod yn itha *brutal*, pawb yn iste tu ôl sgrin yn dy feirniadu, weithie yn gadael sylw heb unrhyw *repercussions*. Dwi'n trial anwybyddu pethe negyddol. A bod yn onest, cadw draw yn gyfan gwbl, achos yn anffodus, er y sylwadau hyfryd am y canu neu hyd yn oed y llinell am 'lico'r ffrog', un sylw negatif sydd angen i fwrw'r cyfan ac ypseto'r holl bositifrwydd. A *dwi'n*

> **... un sylw negatif sydd angen i fwrw'r cyfan ac ypseto'r holl bositifrwydd.**

ei chael hi ar raddfa isel iawn! Dwi'n cofio gwylio Lady Gaga yn y Super Bowl yn cael amser uffernol ar y cyfryngau cymdeithasol ar ôl perfformiad ffantastig gan bod dim *six-pack* gyda hi a meddwl, diolch byth bo' fi heb neud e, 'de! Dwi o hyd wedi edmygu menywod sy'n siapus ac yn hapus, a wastad wedi meddwl bo' Beyoncé yn ffantastig, a ges i *epiphany moment* yn iste yn ei chyngerdd o fod yn siomedig ei bod hi'n llai nag o'n i'n ei ddisgwyl, a meddwl, waw, ma hwn y gwrthwyneb llwyr i'r arfer... Hi wedd fy arwres am ei bod hi ddim mor denau â'r norm (ar y teledu o leia), a phwy ydw i i farnu corff? Dyna fi'n neud yr union beth!

Dros y blynyddoedd, dwi wedi magu a cholli pwyse yn eithafol. Yr un yw'r gân, pawb yn ymfalchïo bo' fi'n edrych yn slim ac yn ffab, ond heb wbod falle bod pethe erill yn mynd mlân tu ôl i'r jîns *size* 10. Yn wir, o edrych 'nôl, ma 'na batrwm i'r cyfnodau pan dwi 'di bod ar fy ysgafna – rheina hefyd wedd y cyfnodau mwyaf anodd o ran stres a gorweithio a'r cyfnodau anodda yn bersonol. Blwyddyn dwetha, ges i'r compliments mwya rhyfeddol ar ba mor wych wen i'n edrych a hefyd, 'Tria gadw'r pwyse off nawr', heb i neb wbod bo' fi'n hwdu hyd at bymtheg gwaith y dydd yn diodde gyda *hyperemesis* yn y cyfnod cynnar wrth gario fy mhlentyn. Roedd yr eironi yn wirioneddol syfrdanol! Ma hyd yn oed Google Photos nawr yn adnabod Jess 10 stôn a Jess 12 stôn, sy'n neud i fi wherthin!

'Nathon ni ddim ffeindo mas os wen i'n disgwyl merch neu fachgen – wedd dim

Dros y blynyddoedd, dwi wedi magu a cholli pwyse yn eithafol. Yr un yw'r gân, pawb yn ymfalchïo bo' fi'n edrych yn slim ac yn ffab, ond heb wbod falle bod pethe eraill yn mynd mlân tu ôl i'r jîns size 10.

gronyn o ots gyda ni – ond rhywbeth wedd yn poeni fi wedd cael merch a shwt i fagu hi i siarad yn bositif am ei chorff, ta beth fydde ei siâp. Bydde'r dyletswydd arna i fel mam i neud yn siŵr ei bod hi'n gwbod bod ganddi hi'r un hawl i fod ar y ddaear 'ma ag unrhyw un arall. A 'nes i ddechre ar y sialens 'ma cyn bod hyd yn oed y *contractions* yn dechre, siarad ag ambell aelod o'r teulu a'u neud nhw'n ymwybodol iawn fod geirie fel deiet, *slimming* a *flattering* ddim yn mynd i fodoli o amgylch fy merch fach i, a 'na ddiwedd arni!

Ta beth, mab bach gorjys dda'th, a dwi'n gallu cysgu'r nos yn gwbod geith e wisgo'r un siwt am flynyddoedd heb neb yn barnu'r lliw na'r ffit. Dyna beth yw braint dyn!

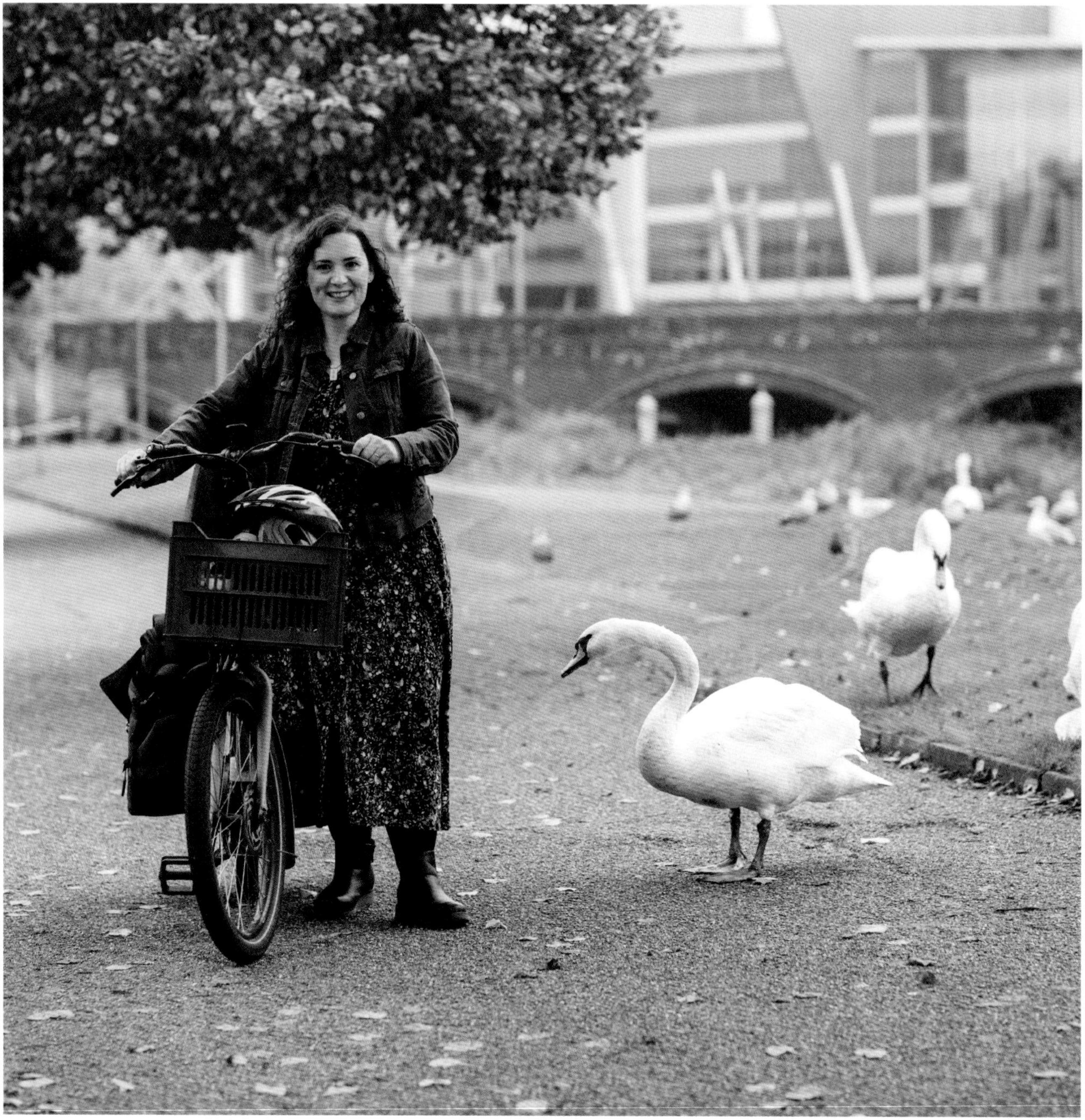

Cyn ac ar ôl

Gwennan Evans

Ychydig iawn o luniau ohona i sydd ar hyd y tŷ. Mae'n gas gen i gael fy llun wedi ei dynnu a dwi'n hynod ddiolchgar i mi allu byw drwy fy mhlentyndod a fy arddegau lletchwith cyn i gamerâu digidol ddod yn boblogaidd, heb sôn am y cyfryngau cymdeithasol. Ro'n i'n blentyn tew ac yn arddegyn tewach ond does dim gormod o dystiolaeth o hynny wedi goroesi, diolch byth.

Mae 'na rai lluniau, oes, ond mae pa bynnag dystysgrif neu wobr dwi'n digwydd dal o fy mlaen ar y pryd wastad yn edrych fel ymdrech bathetig i geisio tynnu sylw oddi wrth yr un methiant mawr, sef bod yn dew.

Mae hi ond yn deg fod hwyaid bach hyll yn esblygu, gyda gras ac amynedd, i fod yn elyrch hardd. Ond nid felly y bu.

Tynnwyd yr unig lun ohona i sy'n hawlio'i le ar wal y stafell fyw ar ddiwrnod fy mhriodas, pan oeddwn i dipyn yn ysgafnach nag yr ydw i nawr. Mae'r haul yn gwenu, mae'r fenyw colur wedi cael hwyl arni, mae'r ffrog yn gweddu i mi ac mae'r ffotograffydd wedi fy nal ar fy ongl orau. Dyna'r agosaf at alarch gosgeiddig fydda i fyth.

Mae hi ond yn deg fod hwyaid bach hyll yn esblygu, gyda gras ac amynedd, i fod yn elyrch gosgeiddig. Ond nid felly y bu.

Ond o dan wyneb y dŵr, roedd fy nhraed bach yn fflapian gan milltir yr awr. Byddwn i'n codi'n gynnar i fynd i redeg o amgylch y parc cyn mynd i'r gwaith, yn gwneud cawl moron cartref (oedd yn edrych fel bwyd babi, yn ôl fy nghyd-weithiwr) ar gyfer fy nghinio, yn pwyso fy hunan bob bore (ar ôl rhedeg a chyn cael brecwast) ac yn poeni y byddai unrhyw achlysur cymdeithasol a fyddai'n cynnwys bwyd neu alcohol yn achosi i mi fagu pwysau. Roedd colli pwysau ac aros yn denau (ish) yn hollbwysig achos ro'n i'n mwynhau'r breiniau o fod yn ysgafnach. Roedd bywyd yn haws, roedd pobl yn fy llongyfarch ar ddianc rhag fy nhynged ac yn fy nhrin i'n well.

Ddwedodd neb 'run gair pan wnes i fagu'r pwysau yna i gyd yn ôl, a mwy, dros gyfnod o ryw bum mlynedd ar ôl cael y plant. Roedd pobl wedi sylwi. Wrth gwrs eu bod nhw. Os sylwon nhw fod y bloneg wedi diflannu, roedden nhw'n bownd o fod wedi sylwi ei fod wedi dod yn ôl. Ond doedd neb yn dweud gair.

Ry'n ni fel cymdeithas yn trafod colli pwysau drwy'r amser. Yn ein gweithleoedd neu gylchoedd cymdeithasol, o'm profiad i, mae rhywun wastad yn barod i rannu'r gyfrinach ddiweddaraf ar sut maen nhw'n bwriadu cael gwared ar y braster afiach sy'n rhaid ei golli cyn eu gwyliau neu esbonio sut bod hepgor bara er enghraifft wedi eu helpu i leihau eu wast. Mae hynny gan amlaf yn ystod yr awr ginio, pan dwi ar fin cymryd hansh o fy mrechdan. Gyda llaw, oes rhywun arall wedi sylwi pa mor fawr yw maint y ffont sy'n dweud faint o galorïau sydd yn y frechdan ar becynnau Boots yn ddiweddar? Mae gymaint yn fwy nag unrhyw wybodaeth arall ar y pecyn. Pethau fel hyn sy'n normaleiddio'r ysfa i newid siâp ein cyrff.

Mae gweld lluniau 'cyn' ac 'ar ôl' yn cael eu rhannu ar y cyfryngau cymdeithasol yn rhywbeth dwi'n ei weld yn aml bellach, ac yn anodd i mi, gan fod y llun cyntaf, sy'n achos cywilydd enbyd i'r person sy'n rhannu, gan amlaf yn gorff y byddwn i'n fwy na bodlon ei gyfnewid am y corff yr ydw i'n gorfod cerdded o gwmpas ynddo drwy'r dydd, bob dydd. Ac os ydyn nhw'n teimlo embaras am eu corff nhw, sut maen nhw'n meddwl y dylwn i deimlo am fy nghorff i? Mae'n rhaid eu bod nhw'n meddwl fy mod i'n hollol gywilyddus.

Dwi wedi gweld ambell enghraifft lle mae merched wedi defnyddio'u llun priodas fel y llun cyntaf. Dwi'n meddwl bod tynnu sylw at ba mor 'anferth o dew' roeddet ti'n edrych ar ddydd dy briodas, yn wên o glust i glust gyda phawb sy'n dy garu o dy gwmpas, yn beth mor *shitty* i'w wneud i ti dy hun.

Beth petawn i'n cymryd dau lun ohona i, ac yn rhoi'r llun 'gorau' yn gyntaf? Y llun ohona i ar ddydd fy mhriodas fel y llun cyntaf, a llun ohona i nawr, sawl stôn yn drymach a naw mlynedd yn hŷn, yn yr ail lun. Ydy'r Gwennan yn yr ail lun yn llai gwerthfawr, yn llai caredig ac yn haeddu llai o barch? Mae amgylchiadau'r fenyw yn yr ail lun wedi newid, ond dyna ni, mewn gwirionedd.

Yn ddiweddar des ar draws fy nyddiaduron pan oeddwn i'n naw oed ac ynddyn nhw dwi'n ysgrifennu popeth dwi'n ei fwyta bob dydd a pha ymarfer corff dwi'n ei wneud. Pan oeddwn i'n fy arddegau cynnar, yn angladd fy mam-gu, dwi'n cofio rhywun yn gwneud y sylw, 'Smo ti cweit mor dew ag y buest ti chwaith.' Roedd yn rhaid bod yr ymarferion Rosemary Conley a'r Kellogg's Diet yn gweithio! Yn y coleg, dwi'n cofio un o'r bechgyn yn dweud, 'Ti'n eitha del, ond 'sa dos fach o anorecsia yn gwneud dim drwg i chdi ond 'swn i probabli'n ffwcio chdi eniwe.' Does dim rhyfedd fy mod i, yn y cyfnod hwnnw, yn ceisio gwneud yn saff fy mod yn cysgu bob dydd rhwng hanner awr wedi pedwar a hanner awr wedi pump er mwyn osgoi gorfod teimlo'r llwgfa yn yr awr olaf yna cyn i'r ffreutur ddechrau gweini swper.

Dydw i ddim eisiau magu fy mhlant mewn byd fel y ces i fy magu ynddo, i wylio teledu lle mae'r arwr neu'r arwres bob amser yn wyn, yn denau ac yn hardd, lle mae oedolion ar ddeiets yn dragywydd, lle mae mamau'n gwrthod gwisgo gwisgoedd nofio neu fwyta hufen iâ ar y traeth, rhag cael eu cywilyddio.

Mae gan fy mab hynaf anabledd dysgu. Pan fydda i allan gydag e, mae'n tynnu sylw; yn swnllyd neu'n symud neu'n ymddwyn mewn ffordd anarferol, gan amlaf gan ei fod yn hapus, a wna i fyth ymddiheuro am hynny. Mae ganddo fe gymaint o hawl ag unrhyw un arall i fwynhau ei amser ar y blaned yma. Os bydda i'n mynd i nofio gydag e, nid y seliwleit ar fy nghoesau i fydd y peth cynta i bobl sylwi arno. Os bydda i'n mynd ag e ar y beic, dwi'n gwisgo siaced fflwreol anferth achos dwi *moyn* i bobl sylwi arnon ni, er mwyn i ni gael bod yn ddiogel. Os byddwn ni'n mynd mas am ginio, mae'n debygol iawn mai i McDonald's awn ni, felly mi wna i fwyta byrgyr yn gyhoeddus, gan mai dyna'r lle sydd fwyaf addas i'r mab.

Mae anghenion ychwanegol fy mab yn rhywbeth ry'n ni fel teulu yn gorfod ei gymryd i ystyriaeth yn ein penderfyniadau bob dydd. Does dim dewis ond gwneud trefniadau arbennig ar ei gyfer neu addasu'r cynllun i'w siwtio fe. Dyna'r sefyllfa a dwi'n gwybod o brofiad fod bywyd yn well i bawb os gallwn ni fod yn hyblyg. Yn yr un modd, dwi wedi dysgu i wneud addasiadau ar fy nghyfer fy hun. Dwi wedi dod i'r casgliad nad oes pwrpas gwasgu fy hunan i ddillad rhy dynn neu esgidiau rhy gul, blino fy hunan drwy sefyll ar fy

Rhywbeth arall sydd wedi fy nharo ers cael plant, ac yn enwedig plentyn gydag anghenion arbennig, yw gymaint o fraint yw gallu edrych ar ôl ein hiechyd – rhywbeth oedd gen i yn fy ugeiniau ond ddim i'r un graddau erbyn hyn.

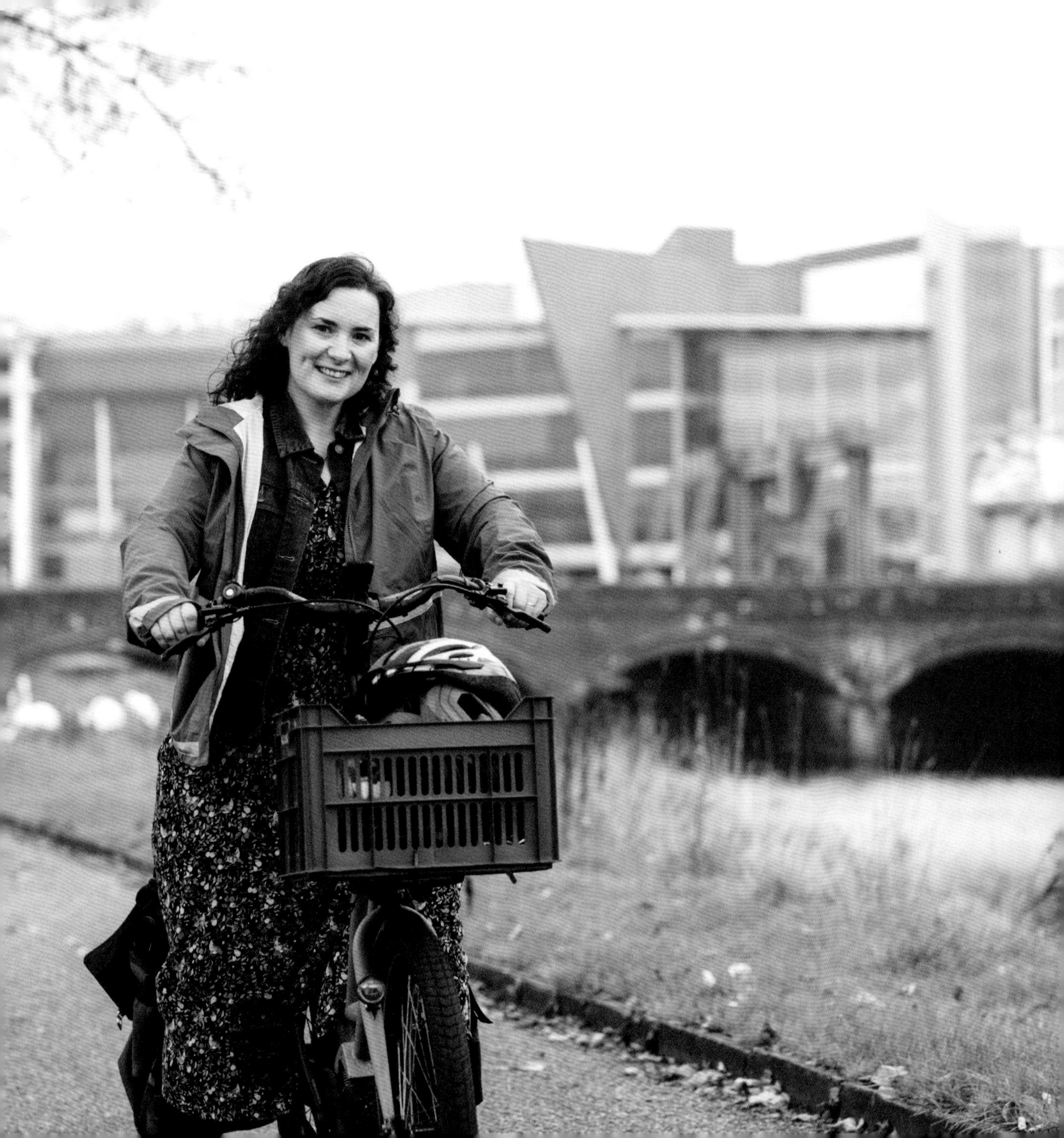

nhraed yn rhy hir neu ddioddef poenau ar ôl ceisio mynd i redeg pan mae cerdded yn fwy cynaliadwy.

Rhywbeth arall sydd wedi fy nharo ers cael plant, ac yn enwedig plentyn gydag anghenion arbennig, yw gymaint o fraint yw gallu edrych ar ôl ein hiechyd – rhywbeth oedd gen i yn fy ugeiniau ond ddim i'r un graddau erbyn hyn. Er mwyn bwyta'n iachus a gwneud ymarfer corff mae angen tri pheth – arian, amser ac egni. Os oes gyda chi'r tri pheth hyn, ystyriwch eich hun yn freintiedig dros ben! Mae'n ddigon hawdd dweud nad ydy mynd am dro yn costio dim, ond eto, os ydych chi'n ddigon abl i gerdded, os oes gyda chi lwybr dymunol a diogel i fynd i gerdded a'r gallu i fynd yn ystod golau dydd yn y gaeaf, eto, ystyriwch eich hun yn freintiedig!

Dwi'n meddwl ei bod hi'n deg dweud bod menywod, ar y cyfan, yn cael eu beirniadu'n llymach na dynion am gario pwysau. Ond y gwir amdani yw fod menywod, ar y cyfan, yn debygol o ennill llai o arian na dynion ac yn mynd i fod yn brinnach eu hamser oherwydd dyletswyddau gofal dros blant neu rieni ac mae jyst cael dy hun yn barod yn y bore yn cymryd gymaint yn hirach pan wyt ti'n ferch. Mae'n anoddach dod o hyd i ofodau diogel i ymarfer corff ac mae'n cyrff ni wedi eu creu mewn ffordd sy'n cario mwy o fraster cyn dechrau.

Dwi'n cario'r rhan fwyaf o fy mhwysau yn fy mhen ôl a fy nghluniau, a rhai blynyddoedd yn ôl, ces ddiagnosis o *lipalgia* – cyflwr lle mae braster yn adeiladu ar y corff mewn ffordd annormal, gan amlaf yn hanner gwaelod y corff ac weithiau yn y breichiau. Mae'n gyflwr sy'n effeithio menywod yn bennaf, ac felly efallai na fydd yn syndod i chi ei fod yn gyflwr sy'n anodd cael diagnosis ohono, sydd heb gael ei ymchwilio'n fanwl ac nad oes fawr ddim yn cael ei gynnig ar y gwasanaeth iechyd ar ei gyfer. Mae'n debygol fod y cyflwr yn etifeddol a bod llawer o fenywod yn byw gyda'r cyflwr heb yn wybod iddyn nhw. Dros y blynyddoedd nesaf, dwi'n gobeithio y bydd mwy o sylw yn cael ei roi i'r cyflwr ac y bydd mwy o ymchwil yn gyffredinol i gyflyrau posib eraill sy'n achosi i fenywod fagu pwysau. Dydw i ddim yn wyddonydd o gwbl, ond dwi'n argyhoeddedig fod y rhesymau fod pobl yn dew neu'n debygol o fynd yn dew yn llawer mwy cymhleth nag y mae'r cyfryngau wedi ein harwain i gredu. Mae gymaint mwy iddi na bwyta llai a symud mwy.

Dros y blynyddoedd diwethaf mae bywyd wedi newid, ac mae fy nghorff i wedi newid o'r herwydd, ac mae hynny'n iawn. Does wybod lle bydda i arni ymhen deng mlynedd arall, ond un peth sy'n saff, mi fydd bywyd wedi newid unwaith eto a bydd rhaid i mi addasu ac ymateb i'r amgylchiadau.

Dros y blynyddoedd diwethaf mae bywyd wedi newid, ac mae fy nghorff i wedi newid o'r herwydd, ac mae hynny'n iawn.

Un o'r addasiadau dwi wedi ei wneud yn ddiweddar yw prynu beic trydan. Mae hwn yn caniatáu i mi gario tri chwarter ein teulu ar ddwy olwyn ac mae'n hollol wych! Cyn hyn, dwi wedi seiclo i'r gwaith gyda fy nghorff trwm ar fy meic trwm, mewn traffig trwm, mewn glaw trwm a chyda mislif trwm ac ar adegau fel hynny, dwi'n teimlo'n anorchfygol!

Pe bai rhywun yn dweud y cawn i ddihuno bore fory yn pwyso deg stôn ac aros felly am weddill fy oes, mae'n rhaid i mi gyfaddef na fyddwn i'n troi fy nhrwyn ar y cynnig. Byddai bywyd llawer yn haws. Ond y gwir amdani yw fod fy mherthynas gyda'r ffordd dwi'n edrych yn siŵr o fod yn mynd i fod yn heriol am weddill fy oes. Dwi'n hynod o ffodus fod fy nghorff, er yn llawer trymach nag y mae'r BMI bondigrybwyll yn meddwl y dylai fod, ar hyn o bryd yn iach ac yn caniatáu i mi wneud y rhan fwyaf o bethau, a dwi'n ddiolchgar dros ben am hynny. Un corff rydyn ni i gyd yn ei gael, ac mae'n rhaid i ni fyw ynddo am byth, felly gorau oll os gallwn ni fyw yn heddychlon yn ein cyrff, fel maen nhw nawr, a'u derbyn.

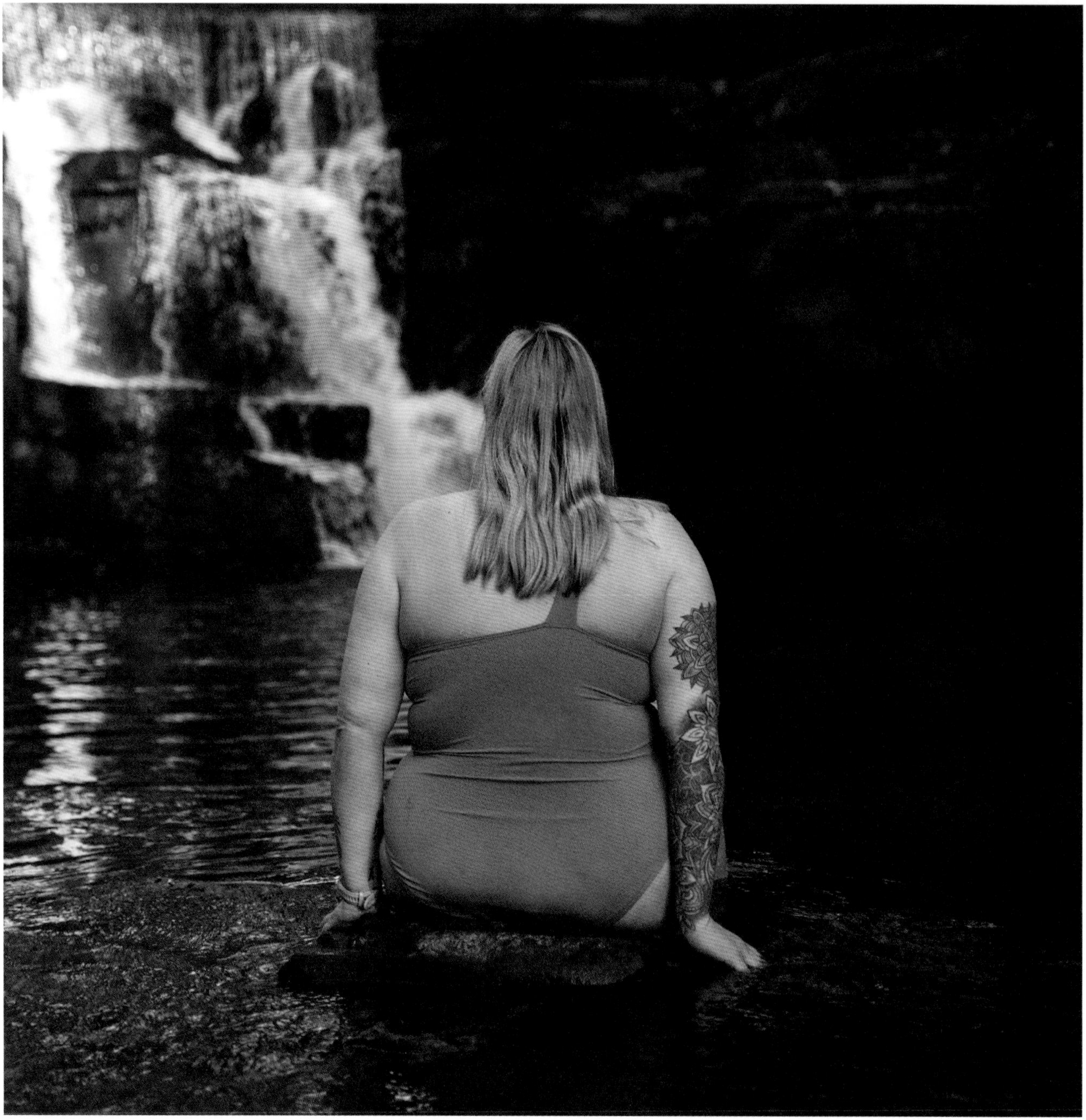

Amser tynnu'r tywel

Nia Mererid

Fy enw i yw Nia. Dwi'n 35 oed, ac yn fam i fab anhygoel sy'n 16. Ers bod yn ifanc, dwi wedi brwydro gyda fy maint a fy siâp a'r ffordd dwi'n edrych. Felly, os ydych chi'n berson *plus-size*, tew neu *chunky*, dwi'n gobeithio bydd fy stori i a'r straeon eraill yn y gyfrol hon yn eich helpu chi i dderbyn eich hunan am y ffordd rydych chi.

Doeddwn i ddim yn blentyn tew drwy'r ysgol gynradd, ond dwi'n cofio cymharu fy hun gyda fy ffrindiau ers bod yn ifanc – roeddwn i'n ymwybodol fy mod i'n fwy na nhw. Yr atgof sy'n glir yn fy meddwl hyd heddiw – 11 oed, yn gwisgo bicini am y tro cyntaf ar wyliau gyda fy nheulu. Dwi'n dal i gofio'r patrwm oedd ar y bicini! Tynnodd fy nhad-cu lun ohona i a fy chwaer yn chwarae yn y parc. Dwi'n cofio gweld y llun, edrych yn syth ar fy mol a meddwl, dyw e ddim yn fflat. Ddim yn hir ar ôl hynny, y tro nesa i mi wisgo'r bicini draw yn nhŷ ffrind, dwi'n cofio eistedd yn y pwll gyda fy mreichiau wedi croesi er mwyn trio cuddio fy nghorff.

Ar ôl dechrau yn yr ysgol uwchradd, dechreuais aeddfedu ac fe newidiodd fy nghorff yn gyfan gwbl. Fe es i'n dalach ac fe ddaeth y *stretch marks* – o gwmpas fy nghluniau yn gyntaf ac yna ar fy mol. Dwi'n cofio codi fy nghrys ysgol er mwyn dangos i fy ffrindiau, ond fi oedd yr unig un â'r marciau. Yn ystod ein harddegau, roedden ni'n rhannu dillad wrth baratoi i fynd mas, ond doedd eu dillad nhw ddim yn ffitio fi. Sylweddolais bryd 'ny mai fi oedd 'ffrind mawr' y grŵp. Fi oedd yn magu pwysau tra'u bod nhw'n aros yn slim. O hynny ymlaen, 'nes i dreulio fy amser yn ceisio twyllo pobl i feddwl bod fy mola'n fflat drwy anadlu mewn o hyd. Doeddwn i ddim yn bwyta cinio gan fod y profiad o fwyta o flaen pobl eraill yn llenwi fy nghorff â phryder, oherwydd fel 'y ffrind mawr', 'na i gyd y'n ni'n neud yw bwyta – dyna'r stereoteip, ife? Dyna oedd y sgript yn fy mhen yn ei ddweud, ta beth!

Mae'n hawdd troi'r sefyllfaoedd yma'n jôc, ond mae'r geiriau cas yn aros gyda chi.

19 oed a chefais blentyn. Dwi'n cofio teimlo mor falch bod fy nghorff wedi 'ngalluogi i i brofi rhywbeth mor anhygoel, ond yn anffodus, ar ôl dioddef bwlio yn yr ysgol, mi oedd y sylwadau cas yn dal i lifo. Wrth i mi gymdeithasu, roedd pobl yn galw enwau arna i, yn gweiddi sylwadau am fy nghorff wrth fy nghymharu i hefyd â chantores enwog dew. Es i mas i redeg gyda ffrind un diwrnod, ar hyd yr arfordir ym Mhorthcawl, ac fe arafodd car wrth basio er mwyn gweiddi 'You're fat!' (*kind of why I'm running, mate*). Ddwy flynedd yn ddiweddarach, mi oeddwn i mas gyda fy ffrindiau, ac wrth i ni ddawnsio daeth dyn draw i alw fi'n dew – *there's no shame*. Y tro hyn, 'nes i arllwys diod dros ei ben a chario mlaen i ddawnsio. Mae'n hawdd troi'r sefyllfaoedd yma'n jôc, ond mae'r geiriau cas yn aros gyda chi.

Yn 2020 newidiodd popeth – daeth y byd i stop gyda'r coronafeirws! Cymaint yn dioddef gyda'u hiechyd meddwl, a fi'n un ohonyn nhw. Roedd gweithio yn yr NHS yn ystod y cyfnod yma yn dorcalonnus, yn enwedig wrth weithio gyda phlant bregus.

Dyma'r flwyddyn i mi weld dirywiad mawr yn fy iechyd meddwl a'r ffordd roeddwn i'n gweld fy hun. Roeddwn i'n teimlo'n isel yn ystod y cyfnod clo – doeddwn i ddim yn gallu cymdeithasu na gwneud ymarfer corff yn y *gym*, felly roeddwn i wedi magu mwy o bwysau.

O ganlyniad i hyn, yn 2021, penderfynais wneud rhywbeth bach yn wahanol. Des i ar draws grŵp o bobl oedd yn galw eu hunain yn Dawnstalkers, sy'n cwrdd ar draeth Penarth i nofio yn y môr, *come rain or shine*. Roedd nofio gwyllt wastad wedi bod ar y *bucket list* ond doedd yr hyder ddim gen i i fynd ar ben fy hun. Ar ôl osgoi nofio am fisoedd, penderfynais hala neges at y Dawnstalkers a gofyn oedd rhywun yn fodlon cwrdd â fi. Ar y pryd doeddwn i ddim yn teimlo'n gyfforddus yn fy nghorff, roeddwn i'n poeni am newid o flaen pobl doeddwn i ddim yn eu hadnabod, yn llawn pryder eu bod nhw'n mynd i *judge a book by it's cover*, fel maen nhw'n gweud. Fi fydde person mawr y grŵp eto.

> **Y peth gorau am y grŵp yw bod pawb yn wahanol. Pob un corff yn faint, lliw a siâp gwahanol, a phob un yn cael eu derbyn!**

Ond mae ymuno â'r Dawnstalkers wedi newid fy mywyd yn gyfan gwbl. Rhywbeth fydd yn aros gyda fi am byth yw'r frawddeg glywais i'r diwrnod 'nes i ymuno: 'You might come down on your own, but you won't leave alone' – ac mae hynny'n wir! Sylweddolais i'n glou pa mor gefnogol a chyfeillgar oedd pawb yna. Doedd neb wedi neud sylw am fy nghorff a neb yn talu sylw i'r ffordd chi'n edrych. Teimlad od iawn, rhaid dweud! Gwelais bawb yn cyfarch ei gilydd, yn rhoi cwtsh ac roedd llawer o chwerthin. Y peth gorau am y grŵp yw bod pawb yn wahanol. Pob un corff yn faint, lliw a siâp gwahanol, a phob un yn cael eu derbyn!

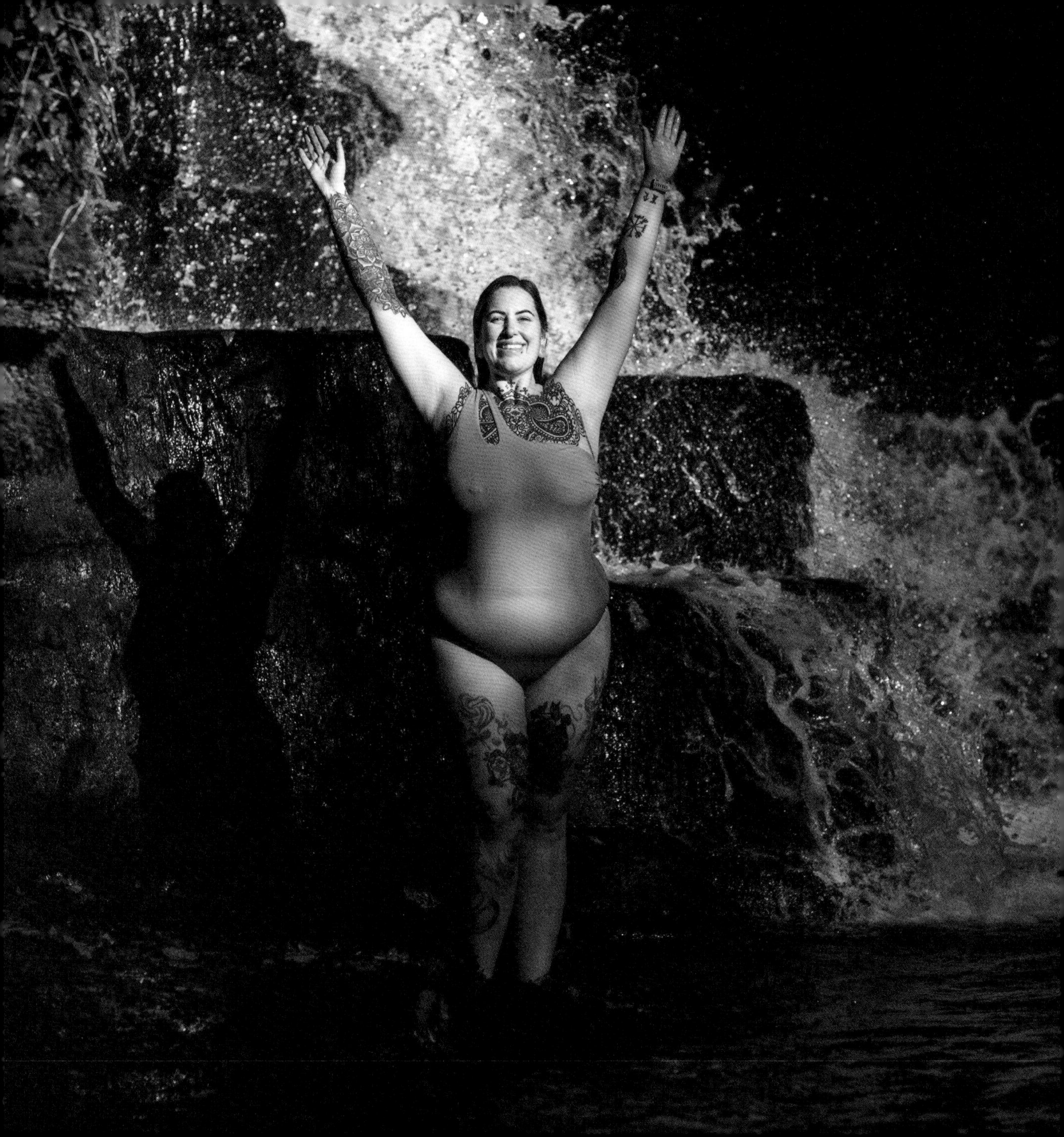

Dwi'n cofio teimlo mor nerfus, doeddwn i ddim eisiau tynnu'r tywel, ond gyda chefnogaeth y grŵp dyma fi'n taflu'r tywel i'r llawr yn ddramatig a strytio i lawr at y môr.

Newid llwyr wedyn yn 2022 – 'nes i wisgo bicini! Dwi'n cofio teimlo mor nerfus, doeddwn i ddim eisiau tynnu'r tywel, ond gyda chefnogaeth y grŵp dyma fi'n taflu'r tywel i'r llawr yn ddramatig a strytio i lawr at y môr. Profiad eitha *anti-climactic*, os dwi'n onest, gan fy mod i'n disgwyl sylwadau cas, ond dim gair! Pawb yn cario mlaen ac roeddwn i bron yn *invisible*. Yn amlwg, roedd hyn yn grêt – ond roedd e'n *reality check*. Yr holl brofiadau negyddol i mi eu profi wrth dyfu lan wedi llywio'r ffordd roeddwn i'n gweld y byd a'r ffordd roedd pobl yn fy ngweld i, fy maint a fy mhwysau. 'Nes i hefyd sylweddoli bod 'na bobl hyfryd yn y byd!

Heb swnio'n rhy *cheesy*, mae'r Dawnstalkers wedi fy achub i. Dwi wedi gwthio fy hun a phrofi pethau fyddwn i byth wedi eu gwneud, petawn i heb ymuno â nhw ar y traeth y bore hwnnw. Dwi'n ffodus iawn i alw'r aelodau'n ffrindiau a dwi nawr yn rhan o grŵp o bobl sy'n cwrdd unwaith y mis er mwyn cerdded a nofio mewn ardaloedd a lleoliadau gwahanol yng Nghymru a Lloegr. Yn 2023, cerddais i ben yr Wyddfa! Ie, fi, a aeth ar y trên y tro diwethaf i mi ymweld â'r ardal! Mae cerdded a bod tu fas yn yr awyr agored nawr yn chwarae rhan fawr yn fy mywyd.

Dwi'n edrych ymlaen at bob penwythnos, ond yn anffodus mae ffeindio dillad addas mewn meintiau estynedig yn her. Ar adegau, dwi wedi prynu dillad cerdded i ddynion gan nad oedd dillad mewn maint estynedig ar gael i fenywod wrth i fy ffrindiau, sy'n llai, gerdded mas o'r un siop gyda llwyth o fagiau siopa yn llawn dillad pwrpasol. Wrth herio'r cwmnïau sy'n gwerthu dillad ymarfer corff, nofio a cherdded, yr esgus bob tro yw – does dim digon o alw am feintiau estynedig; bydd dillad meintiau estynedig ar gael *out of season*. A'r eisin ar y gacen – mae rhan fwyaf o fenywod sy'n cerdded yn maint 10–14! Dyma'r esgusodion cul ry'n ni'n eu hwynebu. Yn ffodus, mae 'na gwmnïau penodol ar gael sy'n gwerthu dillad *plus-size* ac mae rhai cwmnïau yn dechrau gwrando ar y cyhoedd ac ystyried sut allen nhw deilwra i bobl 'fawr' a hyd yn oed yn dechrau arddangos dillad ar fodelau *plus-size*! Dwi'n falch o weld bod newid ar droed, ond mae'r llwybr i'r diwydiant hwn i fod yn hollgynhwysol yn un hir.

Dros y ddwy flynedd diwethaf dwi wedi mynychu gwersi caiacio, dringo a phadlfyrddio. Er fy mod wedi mwynhau'r profiadau, mae wastad ofn bod offer angenrheidiol y gweithgareddau yma'n mynd i fod yn rhy fach! Dwi wedi bod mewn sefyllfaoedd pan dwi wedi gorfod gwisgo pethau dynion, gan fod gwisg menywod yn rhy fach, ac wedi derbyn adnoddau fel harnes sy'n rhy fach, o ganlyniad i'r staff gymryd yn ganiataol ein bod ni'n grŵp o bobl slim gan ein bod ni'n mynd i ddringo.

Dechreuais dudalen cyfryngau cymdeithasol newydd, Fi fy hun – menyw maint 20, sy'n dwlu ar fyd natur. Mae pwysau, maint a'r ffordd chi'n edrych yn dal i chwarae rhan fawr mewn bywyd, ac yn ganolbwynt amlwg ar y cyfryngau cymdeithasol. Dwi wedi dioddef profiadau cas, ynghylch pwysau ac ati, ond wrth i mi dyfu a meithrin perthnasoedd cadarnhaol sy'n derbyn fi fel yr wyf i, dwi'n ceisio newid y naratif oedd yn fy mhen am gyfnod hir! Dwi'n trio ffocysu llai ar feirniadaeth gan eraill ond yn hytrach canolbwyntio ar deimlad o berthyn a balchder am yr hyn mae fy nghorff yn fy ngalluogi i neud. Efallai mai dyna pam dwi'n trio gadael fy mharth cysur yn aml er mwyn ysbrydoli eraill fel fi i fentro! Dyw'r llwybr i fod yn *body positive* ddim yn un hawdd, ond yn ara deg mae mynd ymhell!

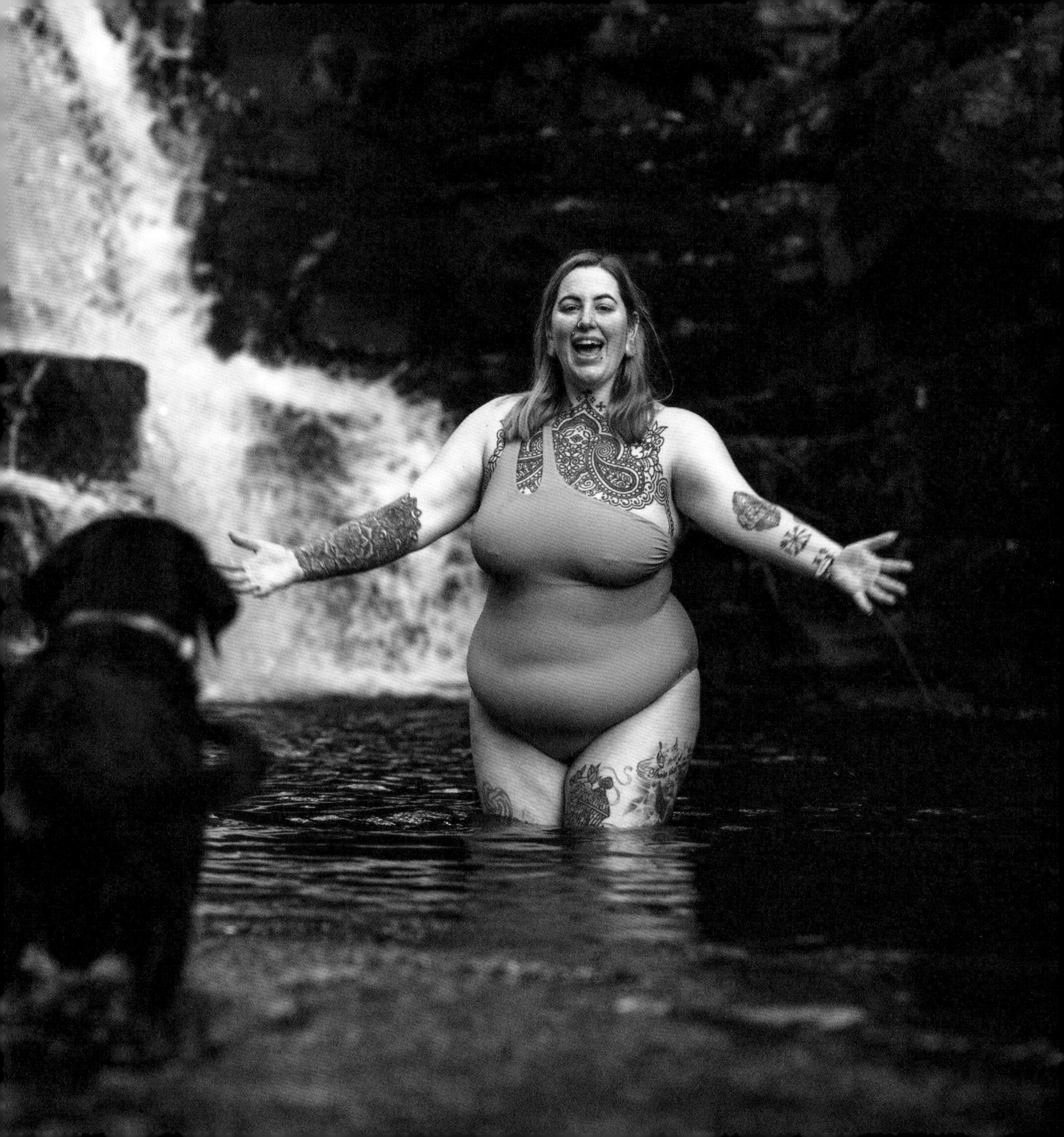

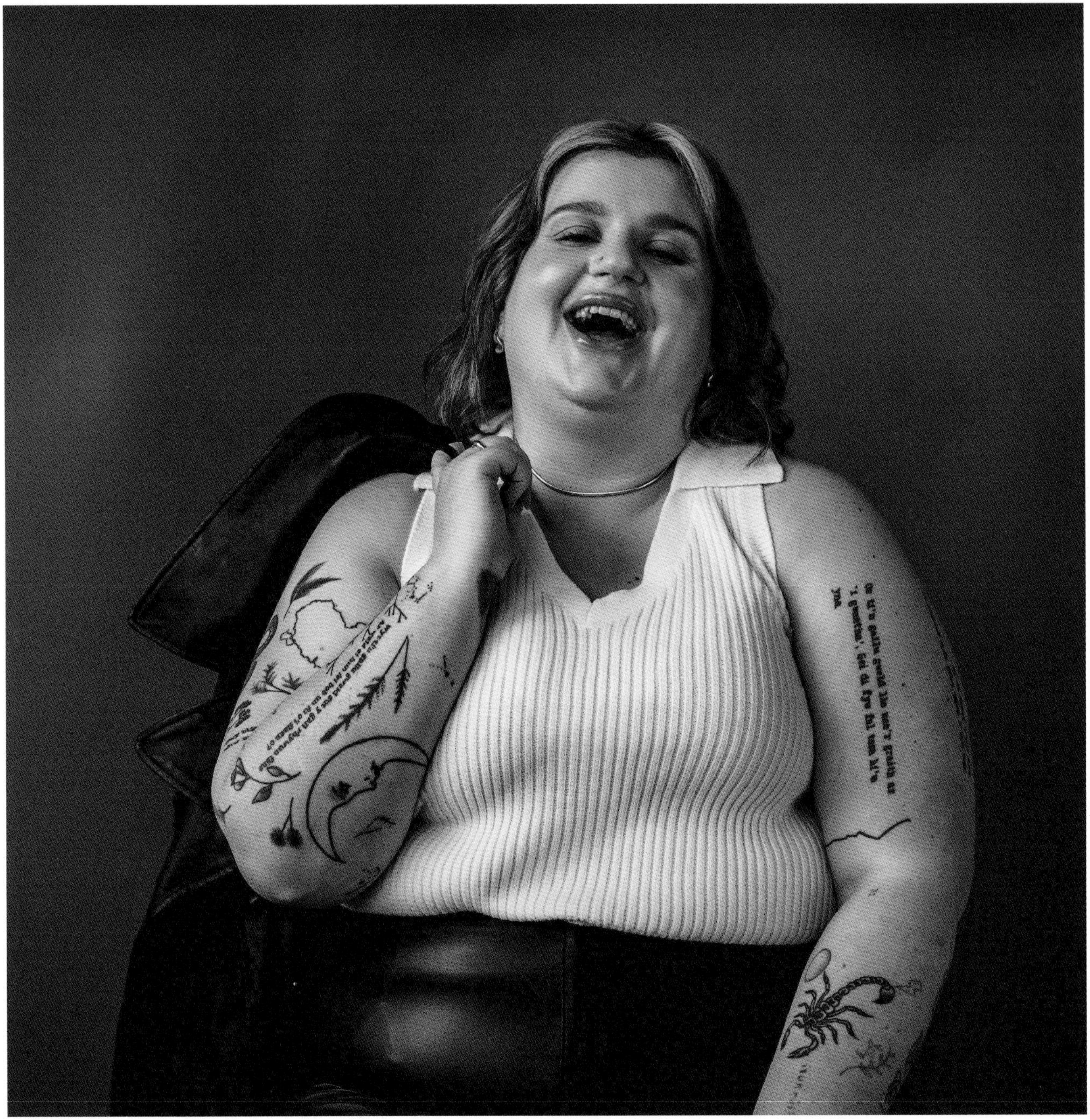

Fel y lleuad

Caryl Bryn

''Sach chdi ddim yn chdi 'sat ti'n colli pwysa – 'sat ti'n colli dy gymeriad!'
 'Ti'm yn dew! *Bubbly* w't ti!'
 'Nath hynny ddim fy helpu i pan o'n i'n bwyta llai na fy ffrindia yn 'rysgol er mwyn trio perswadio pawb nad oeddwn i'n mwynhau bwyd ac nad fy mai i oedd fy mod i'n 'dew'. Wrth fwyta'r cinio tila hwnnw (dim ond potel o ddŵr a thua tair mefusen fach weithia! Go iawn!), gorfod ei fwyta efo un boch tin heb sedd i ista arni ar y fainc yn y cantîn yn 'rysgol a'r ffaith bod y din honno'n hanner hongian allan o fy nhrowsus am mai dim ond dillad i fyny at *size 18* oedd siopa ar y stryd fawr yn eu gwerthu bryd hynny. Mae'r gair 'cantîn' yn dal i roi *anxiety* i mi oherwydd 'mod i'n cofio am yr holl betha *scarring* 'ma a digwydd bod, mae 'tin' i'w glywed, yn glir, yng nghyfansoddiad y gair.
 'Tew' oeddwn i yn llygaid pawb yn 'rysgol. Dwi'n gwbod hynny... er na ddudodd neb frawddeg efo'r gair 'tew' ynddi wrtha i erioed. 'Nath neb, erioed, weiddi 'Fatty' arna i... er 'mod i'n dal i ryw hanner disgwyl i rywun wneud hynny hyd heddiw a phanicio wrth

feddwl y basa hynny'n fy llorio i'n llwyr.

'Nes i joio 'nghyfnod yn yr ysgol – fedra i'm gwadu hynny – ond mi oedd y ffaith 'mod i'n dew yng nghefn fy meddwl i, bob tro.

A deud y gwir, dyna'r unig beth oedd ar fy meddwl i, bob tro.

* * *

Daeth blodau fy nyddiau (neu fel hynny roedd o'n teimlo ar y pryd) yn y brifysgol, a'r ffaith fy mod i'n dew ychydig pellach yn fy meddwl i nag oedd o yn yr ysgol. Wrth reswm, 'nath o ddim diflannu'n llwyr ond roedd rhai o siopau'r stryd fawr yn dechra gwerthu dillad maint 20+ mewn cornel gudd. Yn y siop drws nesa, roedd modd prynu'r arfau i newid siâp a lliw fy ngwallt, fy ngwinedd a fy aeliau ac, yn well na dim, roeddwn i'n ddigon hen i gael tatŵs.

Wrth newid tameidiau bach o fy nghorff, mi 'nes i ddechra dysgu caru fy hun. Roedd yr hyn roeddwn i'n ei weld yn y drych yn bortread teg o'r hynny roeddwn i y tu mewn – merch greadigol, lawn hwyl a hyderus, ac yn ara bach, mi ddechreuodd poen y gordewdra ddiflannu tan i Dad farw'n sydyn ac achosi i mi fagu chwe stôn o fewn chwe mis.

Ma hynna'n stôn y mis.

Roeddwn i'n 22 oed, yn 27 stôn, efo BMI o 59.2. Yn *morbidly obese*.

* * *

Dwi'n sbio'n ôl ar y ferch 22 oed 'na rŵan ac isio gafael ynddi'n dynn, dynn... a'i llusgo hi o'i gwely a'i gwthio i mewn i syrjeri doctor, hefyd.

Dyma'r tro cynta i mi rannu hyn, ond am gyfnod o dros flwyddyn mi 'nes i fyw efo, a chwffio yn erbyn Binge Eating Disorder (a PCOS, Polycystic Ovary Syndrome, ar ben hynny, sydd yn achosi i mi gael *apron belly* a'r hyn ma'n nhw'n ei alw'n *moon face*! Ia, go iawn... MOON FACE!)

Doedd dim yn well gen i, bryd hynny, na phicio i'r siop a phrynu llond bag o fwyd –

sosej rôls, porc peis, caws, crisps, siocled a da-das. Mi fyddwn i'n cloi fy hun yn fy stafell a bwyta'r cyfan o fewn pum munud, rhoi'r sbwriel yn ôl yn y bag a rhoi'r bag yn y bin a thrio anghofio fy mod i wedi ei wneud o... eto.

Mi fyddwn i'n gorwedd yn fy ngwely wedyn, yn crio efo cywilydd nes y byddwn i'n picio i'r siop, ymhen rhyw awr, a gwneud y cyfan eto, ac eto... ac eto.

Dwi'n meddwl 'mod i wedi gallu osgoi sbio yn y drych am gyfnoda o wythnosa bryd hynny, felly dwi'm yn cofio'n iawn sut oeddwn i'n edrych – pa siâp a lliw oedd fy ngwallt i, a faint o datŵs oedd gen i.

Yr unig beth dwi'n ei gofio ydy'r ffigyra a'r geiria sydd wedi eu serio ar y co'.

22 oed yn 27 stôn efo BMI o 59.2. *Morbidly obese*.

Mi 'nes i gwffio efo fo am flynyddoedd, heb i lawer o neb wybod. Ond' yn y diwedd, mi 'nes i ei guro fo.

> **Dwi'n meddwl 'mod i wedi gallu osgoi sbio yn y drych am gyfnoda o wythnosa bryd hynny, felly dwi'm yn cofio'n iawn sut oeddwn i'n edrych – pa siâp a lliw oedd fy ngwallt i, a faint o datŵs oedd gen i.**

* * *

Wrth i'r blynyddoedd fynd heibio, i'r galar leddfu ac i'r byd ddechra gwneud synnwyr eto mi 'nath petha ddechra syrthio i'w lle.

Symud tŷ, perthynas newydd, swydd newydd...

I'r sawl sydd yn fy nabod i mi fyddwch chi'n gwybod 'mod i wedi treulio'r rhan fwyaf o fy ngyrfa o flaen camera – o fy nyddiau efo *Hansh* i *Heno* a *Prynhawn Da* ar S4C rŵan. Ers hynny, dydy cuddio ddim wedi bod yn opsiwn.

Mae'r gwaith yn mynd y tu hwnt i'r hyn mae pobl yn ei weld ar sgrin. Ar ôl ffilmio dwi'n mynd ati i edrych ar y deunydd hwnnw a rhoi siswrn a glud rhwng y geiria i greu'r cyfanwaith.

Bob dydd, roeddwn i'n meddwl, am braf fasa gallu rhoi siswrn a glud i newid siâp fy nghorff ar sgrin. Roeddwn i'n meddwl cymaint am y peth nes ei fod yn fy nghadw i'n effro drwy'r nos a phoeni nad oeddwn i'n edrych fel mae cyflwynydd i fod i edrych.

Roedd yr un hen feddyliau roeddwn i wedi cwffio efo nhw am flynyddoedd yn dod yn eu hôl. Yr awydd i gloi fy hun oddi wrth y byd a gorfwyta yn dod yn ei ôl. Fedrwn i ddim ei gwffio fo eto. Doedd dim opsiwn ond gofyn am gymorth ar unwaith.

Wedi hynny, mi 'nes i dderbyn cwrs chwe mis o gwnsela – mynd i wraidd y Binge Eating Disorder a phob dim arall oedd ynghlwm â fo.

* * *

Efo'r cymorth hwnnw dwi wedi colli 12 stôn. Dw i rŵan yn 15 stôn. Dwi'n siŵr y bydd sawl un yn darllen hwn ac yn meddwl nad ydy hynny'n iach a bod angen i mi golli mwy o bwysa ar unwaith.

Erbyn hyn, dydy ffigyra bygythiol ddim yn flaenllaw yn fy mywyd i.

Dwi'n hyderus, wedi goresgyn yr anhwylder bwyta, wedi derbyn siâp fy nghorff

---

Roeddwn i'n meddwl cymaint am y peth nes ei fod yn fy nghadw i'n effro drwy'r nos a phoeni nad oeddwn i'n edrych fel mae cyflwynydd i fod i edrych.

PCOS ac yn gallu edrych ar fy hun yn y drych (neu ar sgrin) a theimlo dim ond diolchgarwch am y corff sy'n fy ngwarchod i.

Mae fy mol i wedi bod yn fawr erioed oherwydd y cyflwr PCOS ac mae'n beryg y bydd o'r un siâp am byth, dim ots pa mor dew neu dena ydw i. Dyna'r bol sy'n gwarchod fy organau i, sy'n jiglo bob sut pan dwi'n chwerthin ac yn glustog i ben y gath fach tra bydda i'n ista o flaen y tân. Mae o'n rhan o fy nghyfansoddiad i.

Dyna'r bol sy'n gwarchod fy organau i, sy'n jiglo bob sut pan dwi'n chwerthin ac yn glustog i ben y gath fach tra bydda i'n ista o flaen y tân. Mae o'n rhan o fy nghyfansoddiad i.

Mae fy mreichia i wedi bod yn fawr erioed sydd yn grêt oherwydd mae 'na fymryn bach mwy o arwynebedd i gael mwy a mwy (a mwy) o datŵs. Mae gen i dros gant erbyn hyn ac yn edrych ymlaen at y cant nesa. Maen nhw'n rhan o fy nghyfansoddiad i.

Mae fy nghoesa i wedi bod yn fawr (ac yn ofnadwy o hir) erioed. Dyma'r coesa sydd yn fy ngharia i ohebu dros Ogledd Cymru efo fy ngwaith. Maen nhw'n rhan o fy nghyfansoddiad i.

Mae fy wyneb i wedi bod yn fawr erioed oherwydd bod gen i gyflwr sydd, yn llythrennol, yn achosi i'r wyneb fod mor grwn â'r lleuad. Mae o'n rhan o fy nghyfansoddiad i.

* * *

Pa bynnag mor grwn fy wyneb, neu fy nghorff... fel lleuad, mi wna i ddisgleirio drwy'r tywyllwch, bob tro.

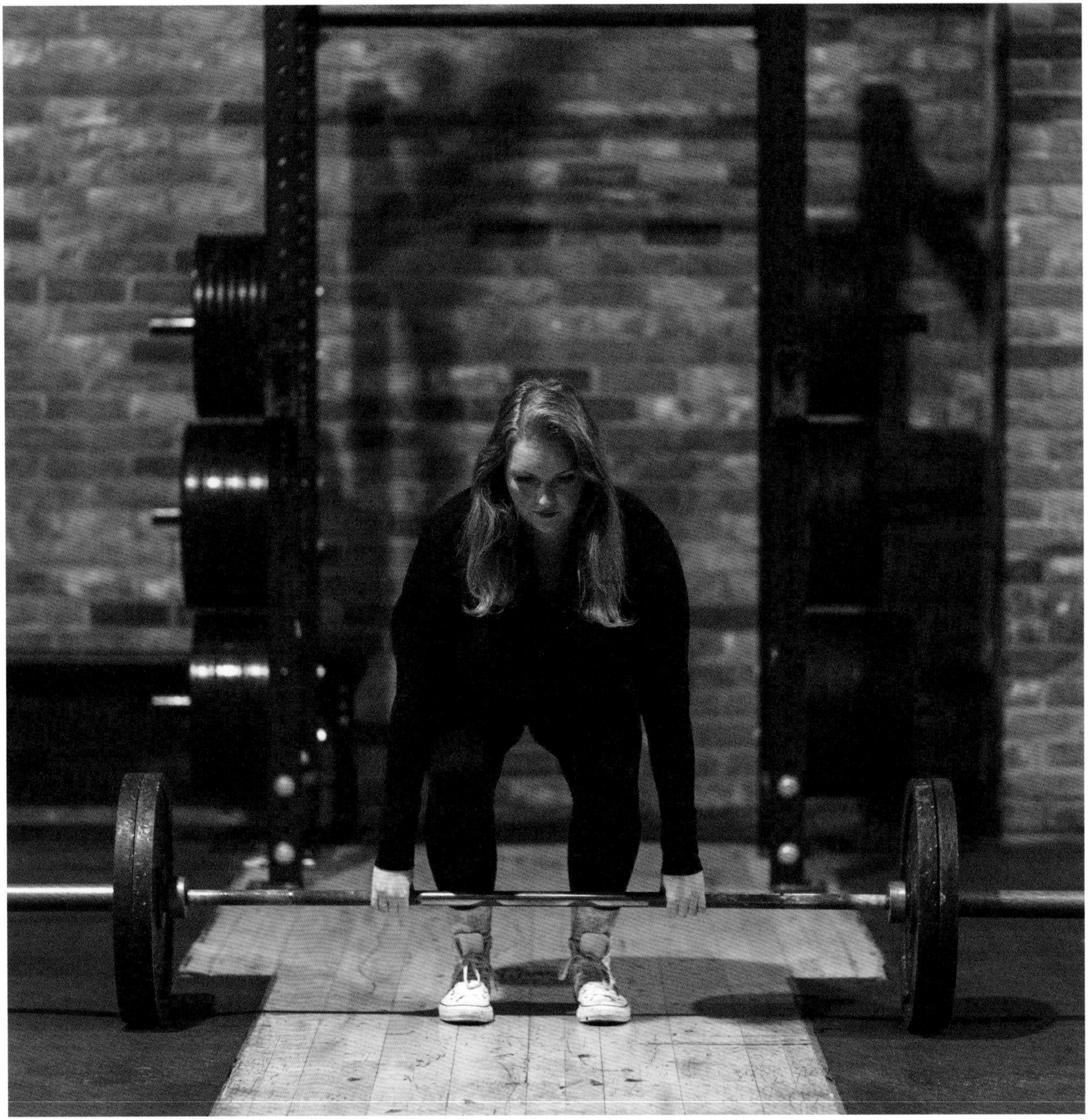

Codi'r bar

Gwenno Roberts

'Waw, sbia *amazing* ydy hi, ma hi mor gry, dydy, blodyn?!'

Mae'r Gemau Olympaidd ymlaen ar y teledu yn y dafarn lle 'dan ni newydd fynd am damaid o frecwast ar ôl sesiwn 'baby gymnastics' y bore hwnnw, a dwi'n gafael yn fy merch fach ddwy a hanner oed ac yn pwyntio at yr athletwraig Li Wenwen ar y sgrin. Mae honno newydd daflu 130kg uwch ei phen fel pluen, ac yn *far cry* o'r ddelwedd gul oedd gynna i o sut oedd athletwraig yn 'gorfod' edrych pan oeddwn i'n tyfu i fyny. A pham hynny? Wel – os am fod yn ddiflewyn-ar-dafod – yn ogystal â bod yn aruthrol o gryf, mae hi hefyd yn dew. Yn 24 stôn a bod yn fanwl gywir, ac yn un o'r cystadleuwyr mwyaf dawnus ac *élite* yn y Gemau – yn sefyll allan, hyd yn oed ymysg y rhai eraill sydd wedi llwyddo i ennill eu lle ar lwyfan chwaraeon mwya'r byd.

Wrth edrych arni mewn edmygedd, allwn i ddim help ond teimlo ton o falchder a rhyddhad, o fod mor ddiolchgar bod fy merch i'n cael gweld merched cryf, athletaidd o bob lliw a llun wrth iddi dyfu i fyny, a bod gynna i'r cyfle i wneud fy ngorau glas i gyflawni'r gwaith pwysig fel mam o normaleiddio hynny. Prin iawn y bydd hi'n tyfu i fyny gyda delwedd *cookie cutter* o beth yw corff dynas ffit – rhywbeth yn anffodus na alla i ddweud sy'n wir amdana i fy hun, fel y gwelwch yn nes ymlaen.

Dwi'n teimlo fel y dyliwn i gydnabod fan hyn, efallai, ei fod yn anghyfforddus i rai ohonoch 'mod i'n disgrifio dynas arall yn dew – mae'n air hynod o *loaded* wedi'r cwbl – ond dwi'n addo 'mod i'n ei ddefnyddio yn yr un ffordd â fyswn i'n disgrifio'r awyr yn las a'r gwair yn wyrdd. Tydy tew ddim yn golygu llawer i mi erbyn hyn – ddim yn dda, ddim yn ddrwg, jyst dyna fo. Dwi'n dew fy hun. Ddim yn hyll oherwydd hynny nac yn *incapable* nac yn *unfit*, mae fy nghorff i jyst yn cario braster ar ben y cyhyrau a'r nerfau a'r esgyrn a'r holl bethau eraill sy'n ein gwneud ni'n ni.

Ond sut felly wnes i gyrraedd y pwynt yma? Gwta baragraff yn ôl roeddwn i'n sôn am dyfu i fyny yn credu mai dim ond pobl denau oedd yn haeddu cael eu cydnabod fel athletwyr. Ac erbyn hyn yn amlwg dwi'n credu'n llwyr i'r gwrthwyneb ac yn ymfalchïo mewn bod yn dipyn bach o *gym rat* fy hun, er gwaetha bod ymhell i mewn i'r categori maint *plus*. Dechreuodd y siwrne faith ond amhrisiadwy hon o ddechrau gweld gwerth yn fy nghorff am fwy na dim ond sut mae'n edrych, a pha rif sydd ar y glorian, flynyddoedd maith yn ôl erbyn hyn.

Fel un oedd wedi tyfu i fyny yn yr oes felltigedig honno pan oedd unrhyw seléb oedd yn meiddio dangos gronyn o seliwleit yn cael eu gwobrwyo gyda llun ar glawr cylchgrawn *Heat* gyda chylch mawr coch o'i gwmpas, roeddwn i wedi cael y neges yn glir gan gymdeithas beth oedd y disgwyliadau o ran merched a'u cyrff. Doedd pethau chwaith ddim yn galonogol iawn yn agosach at adra, gydag aelodau teulu yn hoff o brocio fy mol neu wneud sylwadau am fy mhwysau rownd y ril. Roedd gwersi chwaraeon yn yr ysgol fel tasan nhw'n bodoli i hidlo'r rhai oedd yn digwydd bod yn feistri ar bêl-rwyd neu redeg yn barod, gan adael i'r gweddill ohonon ni fwrw mlaen yn ddi-nod ar ein liwt ein hunain (neu eistedd ar y fainc wedi taro'r jacpot o gael mam i ysgrifennu nodyn salwch, diolch i berfformiad sy'n haeddu Oscar am y rôl 'plentyn gyda phoen bol').

Ddim tan i fi gyrraedd canol fy ugeiniau, yn dilyn gwahoddiad i ymuno mewn sesiwn gyda hyfforddwr personol fy ffrind pan oeddwn i'n teimlo *down in the dumps* un noson a hitha'n trio fy nghysuro, dyma fi'n cael cyflwyniad i'r gamp o godi pwysau. Gyda hynny cymerais y cam cyntaf tyngedfennol hwnnw ar drywydd a fyddai'n trawsnewid y berthynas gyda fy nghorff fel oedolyn.

Doeddwn i erioed wedi codi pwysau cyn y noson 'Eureka!' honno. Roedd yr ychydig sesiynau yn y gampfa roeddwn i wedi'u cwblhau yn edrych rhywbeth fel hyn: deg munud ar y *cross trainer*, deg munud ar y beic, deg munud ar y peiriant rhwyfo. Wrth anwybyddu am eiliad y ffaith fod y *workout* yna'n un eitha crap, diolch i fy ngwrthwynebiad patholegol i dreulio mwy na deg munud ar unrhyw beiriant, doeddwn i chwaith jyst ddim yn joio'r math yna o amser yn y gampfa. Ond gyda chodi pwysau, dyma fi'n profi am y tro cyntaf erioed y teimlad o allu gwthio fy nghorff, ac i hynny deimlo'n grêt. Dim stitsh, dim straffaglu i ddal fy ngwynt, dim ond teimlad o fod yn gryf ac yn 'gallu'.

> **... gyda chodi pwysau, dyma fi'n profi am y tro cyntaf erioed y teimlad o allu gwthio fy nghorff, ac i hynny deimlo'n grêt. Dim stitsh, dim straffaglu i ddal fy ngwynt, dim ond teimlad o fod yn gryf ac yn 'gallu'.**

Roedd hi'n saff dweud fy mod i'n *hooked* ac, am y tro cyntaf hefyd, dyma fi'n dechrau edrych ymlaen at ymarfer corff. Tair gwaith yr wythnos, yn ddi-ffael, dyma fynychu dosbarthiadau magu cryfder a bocsio (stori arall!) gyda'r un hyfforddwr a gyflwynwyd i mi gan fy ffrind. Yn fuan iawn, daeth y detholiad cyfyngedig o bwysau oedd ganddo yn ei stiwdio ffitrwydd yn rhy ysgafn, ac felly roedd rhaid symud i

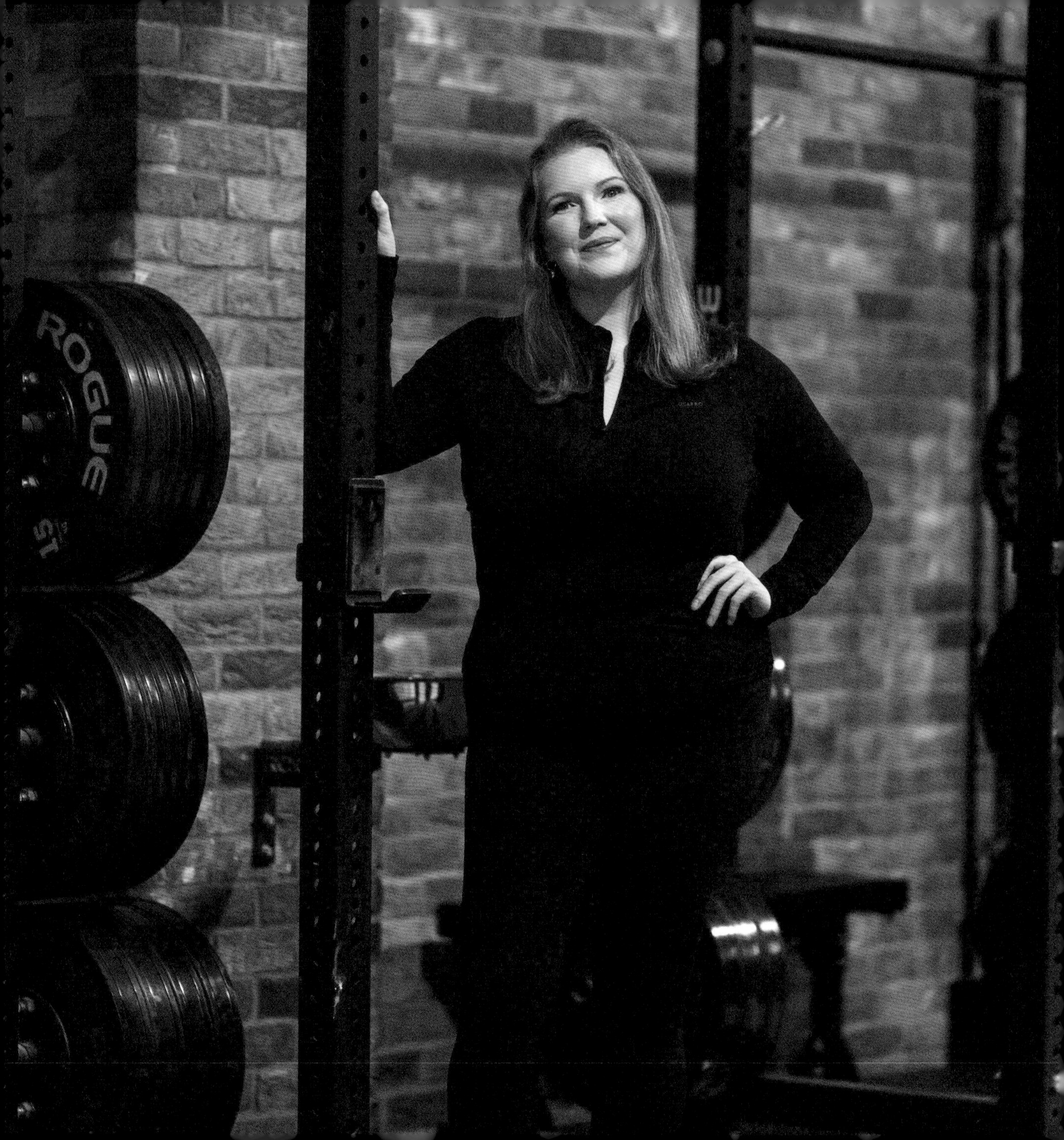
ROGUE

hyfforddi mewn campfa bwrpasol, lle roedd clwb codi-pŵer (*powerlifting*) yn cyfarfod sawl gwaith yr wythnos.

Roedd ymuno â'r clwb yn gam pwysig yn fy siwrne. Roedd pawb yno mor gefnogol ac roedd hi'n chwa o awyr iach – er yn sioc fawr i'r system – i gael bois yn gofyn, o fewn munudau i fy nghyfarfod, 'How much do you weigh then?'. Doeddan nhw'n malio dim wir am beth oedd y rhif, doedd eu hymateb ddim yn un o feirniadu na bychanu. Busnesu oeddan nhw i gyd am ba ddosbarth pwysau y byddwn i'n cystadlu ynddo: 'Ah, cool, so 84kg+ class'. Roedd fy nyddiau o fod yn *precious* am y rhif ar y glorian yn prysur ddiflannu wrth gael fy amgylchynu gan bobl oedd yn trafod y pwnc mor mater o ffaith. Roedd mwy o bwyslais ar beth oedd y pwysau ar y bar nag ar bwysau fy nghorff erbyn hyn.

Wrth gamu i mewn i fyd codi-pŵer, dyma sylweddoli nad oeddwn yn wael mewn chwaraeon ac wedi fy nhynghedu felly i fywyd o fod yn gaeth i'r soffa am 'mod i'n fawr ac yn drwm a heb ffynnu yn y gwersi chwaraeon a'r sesiynau cardio undonog. Doeddwn i jyst heb ffeindio y chwaraeon i *fi* eto.

> **Roedd mwy o bwys ar beth oedd y pwysau ar y bar nac ar bwysau fy nghorff erbyn hyn.**

Sylwais wrth i amser fynd heibio, gyda chryn falchder, mai'r *unig beth* yn y byd a allai fod yn gyfrifol am y ffaith 'mod i wedi mynd o godi 80kg i 130kg oedd fy ngwaith caled i fy hun, a'r cynnydd o'r herwydd yng nghryfder fy nghorff. Er cystal oedd y gamp i fy nghorff, roedd hi hefyd mor iach yn feddyliol i gyflawni rhywbeth fel unigolyn nad oedd yn oddrychol nac yn fater o chwaeth na barn unrhyw un arall. Does neb arall yn codi'r bar yna i chi a does dim twyllo'r pwysau – dyna pam, dwi'n meddwl, mae'n deimlad mor anhygoel, ac mor bositif i'ch hunanddelwedd, pan dach chi'n gweithio'n galed wythnos ar ôl wythnos ac mae eich corff yn gallu cyflawni rhywbeth nad oedd o'n gallu fis neu ddau yn ôl.

Bues i'n codi-pŵer am flynyddoedd, a hyd yn oed pan oeddwn i'n feichiog roeddwn i'n gwneud yn siŵr i ddal ati, er mwyn y meddwl a'r corff. Dwi'n deud wrth Eiri fy merch fach ei bod hi wedi gwneud ei *deadlift* 100kg cynta ddeufis cyn iddi gael ei geni! Wedi i mi gael *c-section*, roedd rhaid cael saib o'r codi pwysau, ond mi ailgydiais a chwblhau cystadleuaeth mewn campfa leol yr un wythnos ag oedd Eiri'n troi'n un oed.

Rhoddodd y profiad o ddod yn fam hyd yn oed fwy o gariad a gwerthfawrogiad i mi am yr hyn roedd fy nghorff yn gallu ei gyflawni, a pharhau i dyfu wnaeth fy hyder wrth roi tro ar bethau newydd. Erbyn hyn, mae fy ngorwelion o ran ymarfer corff wedi ehangu a dwi wedi cwblhau ambell ras 10K ar ôl dechrau rhedeg flwyddyn ddwetha. Dwi wrth fy modd yn mynd am dro i fyny'r mynydd neu ar hyd yr arfordir a dwi hefyd yn mwynhau sesiynau yoga. Does dim curo'r teimlad o glywed Eiri yn gweiddi arna i, 'Cym on, Mam, rhedeg, rhedeg!' a gwybod fy mod yn gallu rhedeg wrth ei hochr hi, a gwybod hefyd ei bod hi'n gweld Mam – yn ei chorff mawr – yn mynd amdani ac yn mwynhau pob eiliad o symud y corff hwnnw heb falio dim am sut mae'n edrych wrth wneud hynny.

Mae hi hefyd yn berffaith iawn, wrth gwrs, i beidio cael diddordeb mewn ymarfer corff na chwaraeon o gwbl, ond plis, plis, peidiwch byth â theimlo bod ymarfer corff neu'r gampfa ddim i chi, jyst achos bod eich corff ddim yn denau.

Alla i ddim ond diolch fy mod wedi glanio ar y trywydd yma a llwyddo i gyrraedd y pwynt lle mae ymarfer corff a chodi pwysau wedi bod mor drawsnewidiol i mi.

Dyna pam dwi'n eich annog – na, yn erfyn arnoch chi, y rhai sydd mewn corff mwy ac sy'n llenwi gyda *dread* wrth feddwl am ymarfer corff – i fynd ar ôl profiad sydd ddim jyst yn ddau lap o draws gwlad yn y glaw efo *sports-bra* crap cyn mynd i eistedd yn eich chwys eich hun mewn gwersi gwyddoniaeth am weddill y prynhawn. Wir i chi, mae 'na ffyrdd *lot* gwell o brofi ymarfer corff ac mae 'na glybiau a champfeydd croesawgar allan yna a fyddai wrth eu boddau'n eich cael chi'n rhoi tro arni.

Mae hi hefyd yn berffaith iawn, wrth gwrs, i beidio cael diddordeb mewn ymarfer corff na chwaraeon o gwbl, ond plis, plis, peidiwch byth â theimlo bod ymarfer corff neu'r gampfa ddim i chi, jyst achos bod eich corff ddim yn denau. Dyma'r neges y bydda i'n parhau i adrodd wrtha i fy hun ac wrth Eiri wrth iddi dyfu i fyny. Mi fyddwn ni'n dal i fwynhau ein sesiynau 'baby gymnastics', yn dal i edmygu Li Wenwens y byd gyda'n gilydd, ac alla i ond gobeithio y bydd ei siwrna hi i'r pwynt hapus yma yn fyrrach a llai throellog na fy un i.

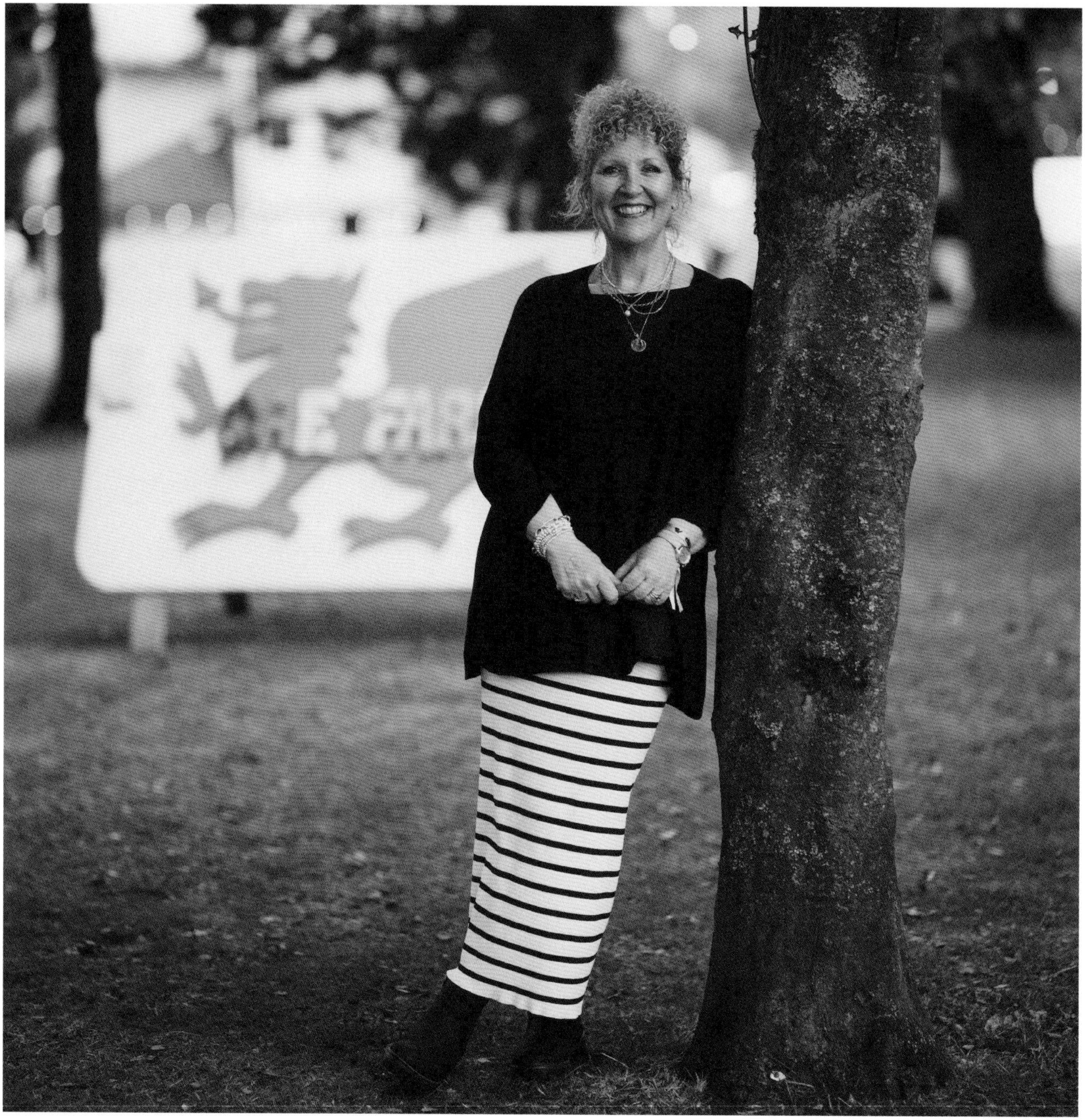

Newid fy meddwl

Bethan Antur

'Best thing I ever did.'
'My only regret is not having done it sooner.'
'I never thought that it could work for me.'
'I had completely lost myself now I've found myself again.'

Dyna rai brawddegau a'm trawodd wrth i mi sgrolio drwy Insta, grwpiau Facebook a TikTok am oriau yn ystod y cyfnod clo wrth edrych ar Bariatric Surgery/Gastric Bypass. Cannoedd o gyfrifon, miloedd o luniau gan bobl fel fi oedd yn stryglo gyda'u pwysau, yn cofnodi eu straeon a'u brwydr gyda gordewdra ac yn profi llwyddiant mewn ffordd wahanol i'r holl ddeiets roedden nhw wedi rhoi cynnig arnynt.

Ro'n i'n blentyn ac yn oedolyn dros fy mhwysau, ac roedd cael fy ngalw'n hyll ac yn dew, yn Four Eyes, Mophead a Thunder Thighs am gyfnodau yn ystod plentyndod ac fel oedolyn gan ddisgyblion ysgol, felly, wedi wedi fy ngwneud yn berson ansicr iawn yn fewnol. Roedd gennyf berthynas negyddol, yn wir, atgasedd yn fy mhen o mi fy hun oherwydd y ffordd ro'n i'n edrych. Ar hyd y blynyddoedd roedd bywyd yn hollol *exhausting*. Yn allanol, fe allwn ymddangos yn berson hyderus, ond y frwydr yn fy mhen yn llawn ansicrwydd. Roedd codi a gwisgo a gwneud fy hun yn barod yn hunllefus oherwydd 'mod i'n poeni nad oedd fy nillad yn ffitio. Amau pob dim fyddwn i'n ei ddweud a'i wneud, gorddadansoddi, gorfeddwl, gorbryder parhaus.

Roedd bwyd yn gallu lleddfu tipyn ar y boen yn fy mhen. Ac yn wir, wrth i mi fynd yn dewach, ro'n i'n credu bod fy arfwisg o fraster yn help i ymdopi, i leihau'r boen wrth frwydro gyda fy mhen.

Dwi *yn* credu, fodd bynnag, fod camddefnyddio bwyd ychydig yn wahanol i gamddefnyddio sylweddau eraill. Ydy, mae gwraidd unrhyw gamddefnydd yn deillio o brofiadau negyddol, a'r awydd i'w cuddio, ond fedr neb fyw heb fwyd. Ac fel unrhyw adict arall, mae'n rhaid cynyddu dos o'r hit yna er mwyn cael y dopamin wrth i'r caethiwed waethygu.

Diet Coke a siocled oedd fy *go to* i. Ro'n i'n yfed y stwff wrth y galwyni, ond heb ddeall bod y cemegion artiffisial ynddo yn gyrru negeseuon 'mod i'n llwglyd – ac felly roedd yn gylch dieflig... a'r effaith weledol yn hollol amlwg. Ro'n i'n magu pwysau – nid fesul pwys, ond fesul stôn.

Os nad o'n i'n bodoli yn y stad uchod, ro'n i ar ddeiets! Tua 15 oed o'n i pan stopies i fwyta cinio ysgol a bwyta dim ond orenau, oherwydd 'mod i wedi cael llond bol ar gael fy mwlio, a thros gyfnod o 45 o flynyddoedd dwi wedi'u gwneud nhw i gyd – o'r Cabbage Soup i Weight Watchers, o Slimming World i'r Atkins... Ac er bod y deiets yn gweithio pan o'n i'n sticio atyn nhw, doeddwn i byth yn gallu cyrraedd fy 'mhwysau delfrydol' ac yn rhoi i fyny eto pan fyddai fy mhen yn f'atgoffa 'mod i ddim yn hoffi mi fy hun, felly waeth i mi fwyta i'r coblyn. Y diafol ar fy ysgwydd yn ennill bob tro!

Yn fy ugeiniau cynnar, ar ôl brwydro gyda fy mhwysau yn y coleg, dyma fynd ati eto i golli pwysau trwy fwyta fawr ddim a chynnal dosbarthiadau aerobics. Ie, goeliwch chi? Ac mi ges i gyfnod o fod yn denau fel rasal – ond er mwyn cadw'r pwysau i lawr roedd rhaid gwrthod gwahoddiadau i fynd allan i fwyta rhag ofn i mi roi

Roedd hwnnw'n gyfnod o obsesiwn llwyr gyda fy mhwysau ac ro'n i'n mynd ar y glorian ddwywaith neu dair y dydd, ac yn gwneud ymarfer corff yn eithafol.

pwysau mlaen. Roedd hwnnw'n gyfnod o obsesiwn llwyr gyda fy mhwysau ac ro'n i'n mynd ar y glorian ddwywaith neu dair y dydd, ac yn gwneud ymarfer corff yn eithafol.

Ond ar y cyfan, pan o'n i'n deneuach ro'n i'n hapusach. A daeth cyfnod bendigedig o gyfarfod Huw a magu dau o blant, Gruff a Marged. Mae fy niolch yn fythol i'r tri yma am bob dim. Tydyn nhw erioed wedi fy meirniadu am fy maint nac am bwy ydw i.

Ond roedd y frwydr fewnol yma yn fy mhen yn dal i fodoli – a'r angel ar fy ysgwydd yn fy annog i fod yn fam a gwraig dda a pharatoi bwyd, a chroesawu teulu a ffrindiau i swpera, a'r diafol ar fy ysgwydd arall yn mynnu 'mod i'n bwyta i ddau wrth ddisgwyl y plant, ac i baratoi gormodedd o fwyd i mi gael ei fwyta'n gyfrinachol yn ddiweddarach. Stopio gwisgo jîns – a gwisgo legins, *fatal*! – gwisgo dillad Lagenlook trendi neu 'dent' di-siâp i geisio cuddio fy nghorff. Gwneud yn siŵr fod fy ngwallt bob amser yn daclus a gwisgo llond wyneb o golur, ac wrth gwrs byth yn edrych mewn drych mwy na maint soser, ac osgoi unrhyw adlewyrchiad ffenest. Ac roedd y glorian wedi hen fynd i'r sgip. Byddwn i'n gwrthod gwahoddiadau i wneud pethau a mynd i lefydd oherwydd fod gen i gymaint o gywilydd, a phan fyddwn i'n mynd neu'n gwneud unrhyw beth bydden i'n cywilyddio ac yn poeni beth oedd pobl yn ei feddwl ohona i DRWY'R AMSER YN FY MHEN.

Yn haf 2006 roedd dau ddigwyddiad pwysig – sef priodas deuluol a gwyliau teulu i Awstralia. Wrth i'r dyddiadau ddod yn nes, doeddwn i ddim yn colli'r un owns, dyma ddarllen erthygl am ddeiet o'r enw Lighter Life. 'Lose a stone every month!' – trwy yfed pedwar peint o ddŵr a thri phecyn o *protein shakes* bob dydd a DIM BWYD o gwbl. Ac mi golles i chwe stôn mewn chwe mis! Roedd bywyd cymaint haws heb orfod meddwl am fwyd a 'mod i'n ymddangos yn 'fwy derbyniol' i gymdeithas. Ond y siom gefais wrth ailddechrau bwyta bwyd normal oedd fod y diafol yn gryfach nag erioed. Aeth y chwe stôn a MWY yn ôl ymlaen yr un mor gyflym, a'r jîns maint 8 yn ôl i gefn y wardrob, at y dillad maint 10, 12, 14, 16, 18, 20 a 22, a 'nôl i wisgo tentiau.

O edrych yn ôl, mae'r diafol ar fy ysgwydd oedd yn fy annog i fwyta wedi golygu 'mod i wedi colli allan ar beth wmbreth o brofiadau ar hyd fy oes. O'n i wastad eisiau bod yn swog yn Llangrannog, er enghraifft, ond roedd fy ngordewdra yn cael mwy a mwy o effaith ar ansawdd fy mywyd cymdeithasol a'm hunanhyder. Aros yn y garafán neu aros yn y tŷ yn hytrach na mynd am dro efo criw ffrindiau; peidio mynd â'r plant i lan y môr; gwrthod gwahoddiadau i gwrdd â hen ffrindiau coleg oherwydd fod gen i gywilydd o'm pwysau.

Profiad anoddaf fy mywyd mor belled oedd colli fy nhad i Covid. Dad, fy arwr, fy ffrind gorau. Ac unwaith eto, dyma droi at fwyd am gysur. Ond doedd bwyd ddim yn fy nghysuro y tro hwn, dim ond yn gwneud i mi fagu pwysau. Doedd yr arfwisg o floneg yn dda i ddim oherwydd bod y brifo yn dod o'r tu mewn. Er fy mod wedi trio f'argyhoeddi fy hun a phawb arall nad oedd fy ngordewdra yn fy mhoeni, taflu llwch i'm llygaid oeddwn i mewn gwirionedd. Roedd y frwydr yn barhaus rhwng y diafol a'r angel ar fy sgwyddau ac ro'n i wedi blino. Ac erbyn hyn, wedi oes o gamddefnydd a rhoi fy mhen yn y tywod, roedd fy iechyd corfforol hefyd yn dirywio. Ro'n i'n cnocio ar ddrws Diabetes Math 2, roedd fy nghymalau'n brifo, doedd gen i ddim egni, ac ro'n i allan o wynt wrth fynd i fyny'r grisiau. Roedd fy mhwysau gwaed mor uchel nes 'mod i ar dabledi, ac yn gynyddol yn methu gwneud pethau, ac roeddwn wedi bod ar dabledi gwrth-iselder ers dros ugain mlynedd. Ro'n i'n 58 oed ond roedd fy nghorff a fy ffitrwydd yn gwneud i mi deimlo fel petawn i'n llawer hŷn na hynny.

Medi 2022 oedd hi ac ro'n i'n cael cefnogaeth cwnsela dros y ffôn oherwydd cyfyngiadau Covid (a dyna gyfnod arall pan 'nes i fagu mwy o bwysau). Yn ystod un sgwrs dyma sôn am yr effaith roedd fy mhwysau yn ei gael arnaf, ac am ryw reswm 'nes i sôn 'mod i wedi bod yn ymchwilio i mewn i lawfeddyginiaethau gastrig fel arf fyddai'n fy helpu i fynd i'r afael â'r hyn ro'n i'n credu oedd yn fy nal yn ôl. 'But I don't think I'm worth it,' meddwn i wrth y cwnselydd. A dyna'r man cychwyn.

Ces fy rhoi mewn cysylltiad â rhywun oedd wedi cael y driniaeth. Trafod wedyn gyda Huw, Gruff a Marged, a hefyd Anna a Pete – ffrindiau teulu oedd yn feddygon – cyn mynd at fy meddyg teulu, yr annwyl Dr Ruth Dafydd. Dydy'r Gwasanaeth Iechyd ddim yn cynnig y llawdriniaeth yma, dim ond mewn amgylchiadau eithriadol – ac mae'r meini prawf a'r broses yn ddifrifol o lafurus a rhwystredig ac yn gallu cymryd hyd at bum mlynedd o aros. 'Ond os wyt ti yn barod i dalu amdano, cer amdani,' oedd ei chyngor. Dim ond cylch bychan iawn o deulu a ffrindiau gafodd wybod am fy mhenderfyniad i fynd am Gastric Bypass cyn y llawdriniaeth, oherwydd 'mod i'n BENDERFYNOL nad oedd neb yn mynd i fy argyhoeddi i beidio mynd amdani, a dwi'n fythol ddiolchgar iddyn nhw hefyd am eu cefnogaeth barhaus.

'Trust the process.'

Dyna'r geiriau roedd y tîm meddygol yn ei bwysleisio bob tro. O ran y broses, yr elfen hawsaf oedd y llawdriniaeth twll clo, yr elfen anoddach fyddai'r elfen feddyliol – eto'n mynd yn ôl at y ffaith fod problem gordewdra yn gymaint o broblem feddyliol

---

... i mi, rhyddid yw'r prif air sy'n dod i'r meddwl. Am y tro cyntaf yn fy mywyd, dwi'n gwybod sut mae'n teimlo i fod fel pawb arall sydd â pherthynas normal efo bwyd

---

ag ydy hi'n broblem gorfforol. Roedden nhw'n creu stumog fach o dop fy stumog gan ddatgysylltu gweddill y stumog, ac yna'n cysylltu'r coluddyn mewn lle gwahanol sy'n golygu ei bod yn amhosib gorfwyta; mae'r corff yn amsugno bwyd yn llai effeithiol ac mae'r hormon *ghrelin* sy'n gyrru negeseuon i'r ymennydd eich bod yn llwglyd yn aros yn yr hen stumog.

Drastig, 'ta be? Wel, oedd mae'n siŵr, i bobl sydd â pherthynas iach gyda bwyd ac sydd yn gallu bwyta heb boeni am roi pwysau mlaen. Ond i mi, rhyddhad yw'r prif air sy'n dod i'r meddwl. Am y tro cyntaf yn fy mywyd, dwi'n gwybod sut mae'n teimlo i fod fel pawb arall sydd â pherthynas normal efo bwyd, a brensiach, mae'n deimlad anhygoel. Mynd i siopa am fwyd heb fod eisiau prynu tri bar o siocled; byth yn llwglyd a dydw i ddim yn chwennych yr hit dopamin, dwi'n blaenoriaethu protein a bwydydd ffres a dydw i ddim yn gorfod poeni am roi pwysau mlaen os ydw i'n bwyta unrhyw beth ddylwn i ddim, ac mae fy iechyd meddwl hefyd yn well nag y bu ers blynyddoedd.

Dwi ddim yn gwybod a fydda i fyth yn hoffi fy hun, oherwydd mae'r atgofion o fwlio wedi fy nghreithio am byth, ond o leiaf rŵan mi rydw i'n derbyn fi fy hun ychydig yn well. Dwi'n gallu bod yn fi heb deimlo wedi ymlâdd yn llwyr ar ddiwedd dydd, ac er 'mod i'n dal i orfeddwl popeth, mi rydw i'n gallu ymdopi gyda bywyd beunyddiol.

Mae'r siwrnai ers y 14 o Fawrth 2023 wedi bod yn anhygoel ac mae bywyd yn felys iawn, iawn. 'Nes i ddim gorfod aros yn y garafán tra oedd y criw yn cerdded i dop Castell Dinas Brân eleni. Wna i fyth anghofio'r don enfawr o emosiwn a rhyddhad a balchder y diwrnod hwnnw. Mi dderbyniais y gwahoddiad i fynd ar daith gerdded ar Ddydd Gŵyl Steffan; mi es ar wyliau i Bruges, ac mi es i weld y Cirque du Soleil yn Llundain. Wrth gwrs mae yna bethau dwi wedi eu gwneud dros y blynyddoedd fel arwain a hyfforddi corau a phartïon a beirniadu mewn eisteddfodau, ond fedra i ddim dechrau dweud cymaint haws ydy gwneud pob un o'r gorchwylion hyn rŵan. Dwi'n medru canolbwyntio ar y job o waith heb boeni'n fewnol sut o'n i'n edrych yn allanol. Dwi'n fwy gwydn.

Dwi'n dal i weithio ar y berthynas yma efo mi fy hun, ond mae'n help garw 'mod i ddim yn teimlo'r angen i osgoi drych ac adlewyrchiad ac mi rydw i'n dechrau cofleidio fy meddwl creadigol. Dwi wedi bod yn lwcus erioed o'm teulu a fy ffrindiau yn fy nerbyn i fel ro'n i – fi oedd ddim yn derbyn mi fy hun – ac mae'n deimlad braf 'mod i rŵan yn dechrau derbyn pwy ydw i. Mae fy mhen yn llawn syniadau ac mae'r dyddiadur yn prysur lenwi, a'r awch i gyflawni heb fod ofn y meddyliau mewnol yna yn gryfach nag erioed. A gyda llaw, wrth i mi orffen sgwennu hwn, mae Huw a finne ar awyren ar y ffordd i Seland Newydd. Bu fy nhad yno fel aelod o Gôr Godre'r Aran a fo ddwedodd wrtha i os byth gei di gyfle, dos i Seland Newydd. Diolch, Dad. x

Fedra i ddim dadwneud y gorffennol, y bwlio na'r profiadau negyddol, ond mi rydw i mor ddiolchgar am yr ail gyfle yma i gael yr hyder i fynd ati i gyflawni'r rhestr bwced

Fedra i ddim dadwneud y gorffennol, y bwlio na'r profiadau negyddol, ond mi rydw i mor ddiolchgar am yr ail gyfle yma i gael yr hyder i fynd ati i gyflawni'r rhestr bwced. OND – gwnewch chi beth sy'n iawn i chi, eich bywyd chi ydy o a does gan NEB hawl i ddweud wrthych chi sut i'w fyw. Ond dyma oedd yn iawn i mi, ac mae'r dyfyniadau Instagram ar y dechrau wir yn cyfleu'r cyfan i mi.

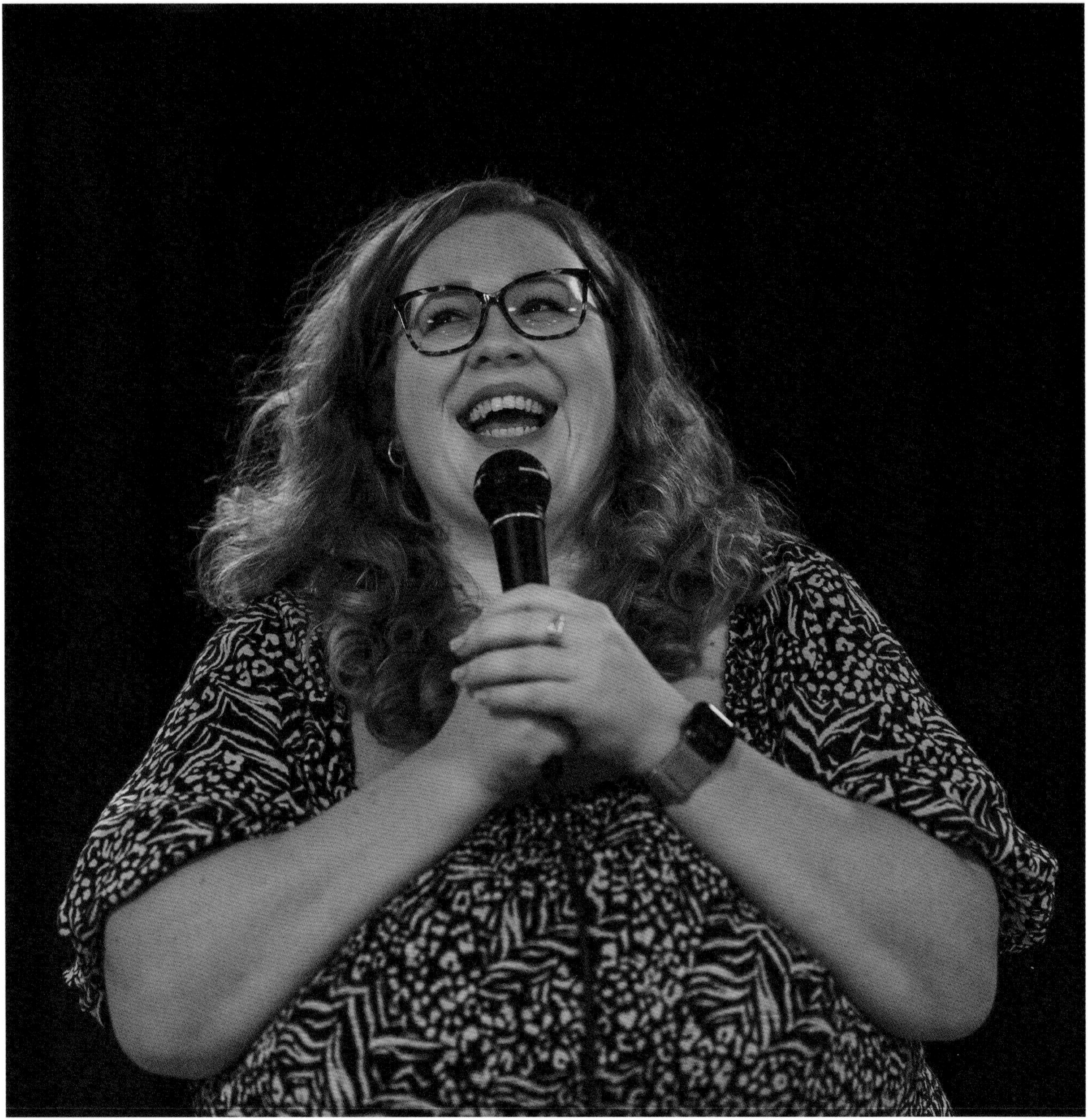

Troednodyn yn unig

Caryl Burke

Dwi'm yn berson morbid, dwi'n gaddo... ond dwi *yn* meddwl am farwolaeth yn weddol aml. Ers colli Mam yn eitha sydyn dair blynedd yn ôl (er gymaint o *cliché* ag ydy o), dwi'n meddwl lot am ba mor fregus a byr ydy bywyd.

Dwi'n meddwl am yr holl betha fyswn i'n difaru peidio'u gneud petai rhywun yn deud wrtha i heddiw fod gen i wythnos i fyw... Yr holl betha o'n i'n ofni trio rhag ofn i fi edrych fatha twat, neu ofn eu gwisgo rhag ofn i 'mreichia fi edrych yn dew, neu ofn bwyta rhag ofn i rywun feddwl 'mod i'n fochyn.

Dwi hefyd yn meddwl am y petha fyddai'n cael eu deud amdana i ar ôl i fi farw. Sut fysa pobl yn disgrifio fi ac yn crynhoi 'mywyd i mewn chydig o eiriau yn fy nghynhebrwng i? (Ocê, ella 'mod i fymryn yn morbid, sori!)

Ac wedyn dwi'n meddwl am Mam. Bydda i'n aml yn meddwl am y llu o gariad a negeseuon gafon ni ar ôl colli Mam. Mi oedd hi dal yn gyfnod Covid, felly doedd neb llawer yn cael dod i'r tŷ, ond gafon ni gymaint o gardiau drwy'r post wna i byth anghofio'r postman newydd ifanc yn gorfod cnocio ar y drws achos bod 'na ormod i roi drwy'r blwch post.

'Looks like someone's having a special birthday!'

'Actually, my wife's just died,' medda Dad yn blwmp ac yn blaen.

(Oedd o'n rili *awkward* a dwi dal ddim yn siŵr pam bod o wedi blyrtio fo allan fel 'na – oedd y postman druan yn *mortified*!)

Wrth ddarllen yr holl negeseuon yn y cannoedd o gardiau, doedd 'na'm un yn sôn am gorff Mam. Ond yn hytrach mi oeddan nhw'n sôn am ba mor galed oedd hi'n gweithio i helpu eraill ac i wella ei chymuned, pa mor barod oedd hi ei chymwynas ac wastad efo amser i bawb, am yr holl hwyl a chwerthin oedd i'w gael yn ei chwmni, am y ffordd roedd ei byd hi'n cylchdroi o amgylch y teulu.

A hynny sy'n fy arwain i feddwl be fydd yn cael ei ddeud mewn teyrnged ar ôl i fi ymadael â'r lle 'ma... Dwi'n ama'n gryf fydd y geiriau ar fy medd i'n darllen: 'Yma y gorwedd Caryl Burke. Bŵbs mawr, breichia tew ond, yn ddigon rhyfedd, tin reit fflat ganddi. O wel, heddwch i'w llwch.'

> **Dwi'n cofio bod y mwya yn y dosbarth ac yn teimlo'n sâl pan ddudodd yr athro ein bod ni am bwyso pawb yn y wers wythnos nesaf i gael gweithio allan y cyfartaledd a chreu graff bach del efo'r data.**

Dwi wastad wedi bod yn fawr. Dwi'n cofio bod y mwya yn y dosbarth ac yn teimlo'n sâl pan ddudodd yr athro ein bod ni am bwyso pawb yn y wers wythnos nesaf i gael gweithio allan y cyfartaledd a chreu graff bach del efo'r data. Hyd heddiw alla i ddim deall pam bod ein pwysau ni'n cael ei ddefnyddio mewn gwersi Maths... Diolch am ddysgu ni am gylchedd a chanrannau, Mr Davies, heb anghofio'r cywilydd a'r *complex*.

Yn anffodus i fi, o'n i'n fwy na jyst 'mwy' na phawb eraill. Ges i'r felltith (neu'r fraint, yn dibynnu wrth bwy dach chi'n gofyn) o gael bŵbs *cyn* pawb arall. A dim jyst cael rhai cyn pawb arall, ond cael rhai lot mwy na phawb arall. Na, go iawn, *lot* mwy na phawb arall. (Dim brolio ydy hynna, gyda llaw. 'Newch chi ddeall pam rŵan.)

Dwi'n cofio'r profiad anghyfforddus o fynd i hen siop ddillad isa ym Mhorthmadog yn fy mra cynta, oedd mewn gwirionedd jyst fest top bach roedd genod Blwyddyn 6 yn ei wisgo er mwyn teimlo chydig bach yn fwy *grown up*, 'de. Hen brofiad digon lletchwith ydy hynny i unrhyw un, ond pan ddoth y ddynas i fesur fi, cyn edrych yn reit ddryslyd a thrio eto, ac wedyn mynd i nôl rhywun arall i ddod i fesur fi, cyn iddi hitha edrych yn reit ddryslyd hefyd. Fysa deud 'mod i'n teimlo'n 'lletchwith' yn uffar o *understatement*.

'Pa seis wyt ti rŵan, del?'
'B cup dwi'n meddwl, ia?'
'Wel... achos... ti'n Double D rŵan, 'sti, boi.'

Digon rhyfedd, dydyn nhw'm yn gneud bras DD sy'n addas i genod bach 11 oed, felly bu raid i mi adael y siop efo'r un mwya plaen oedd ganddyn nhw, yn hollol *embarrassed* a Mam yn trio cysuro fi efo'r un araith mae pob merch ifanc yn ei chael,

---

Digon rhyfedd, dydyn nhw'm yn gneud bras DD sy'n addas i genod bach 11 oed, felly bu raid i mi adael y siop efo'r un mwya plaen oedd ganddyn nhw, yn hollol *embarrassed* ...

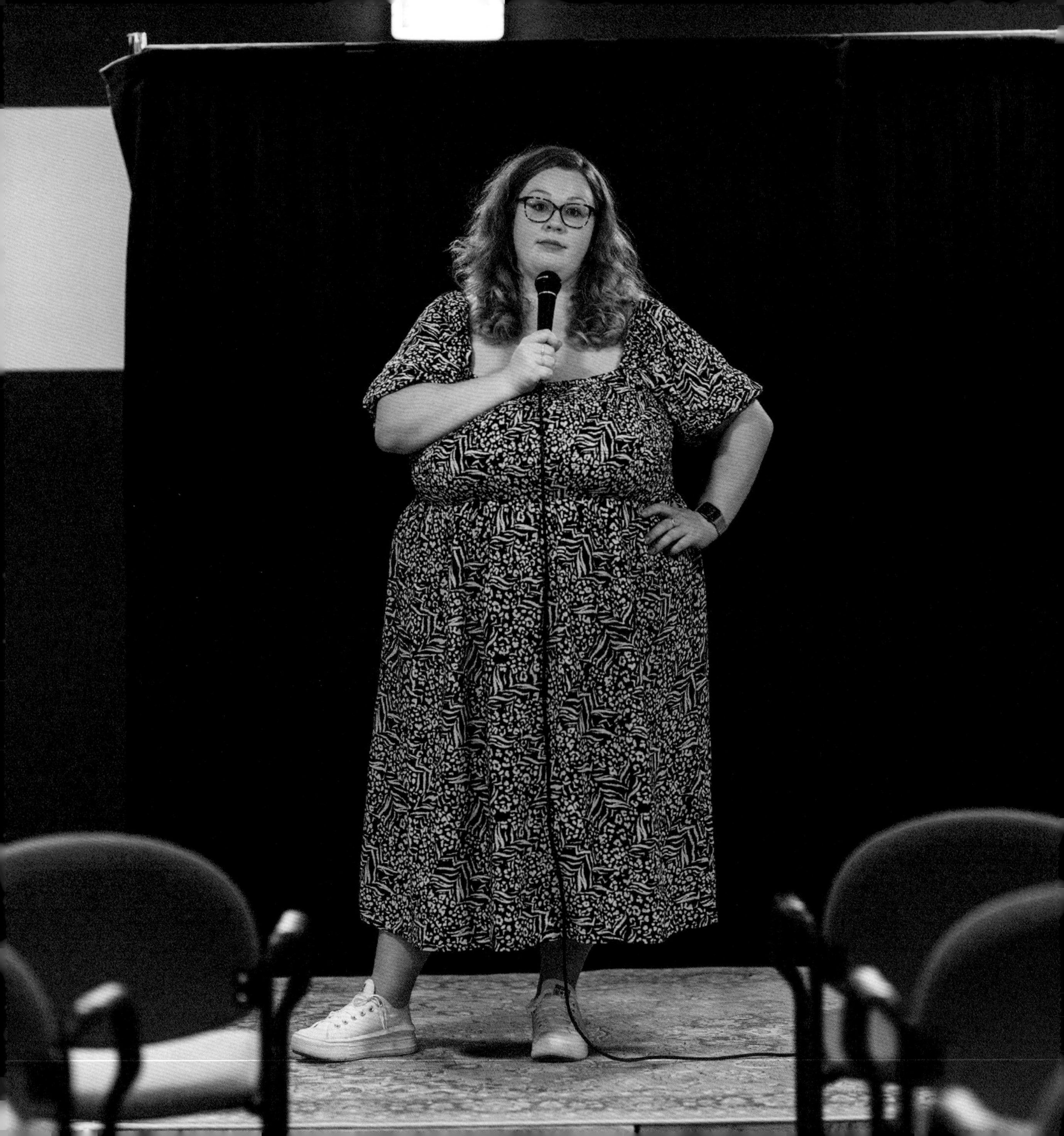

dwi'n cymryd – mae corff pawb yn wahanol ac yn tyfu ar gyflymder ei hunan a does 'na'm isio teimlo'n *embarrassed* achos ma'r merchaid 'na'n mesur lot o wahanol ferchaid bob diwrnod, siŵr, a bla bla bla... dwi'm yn cofio'r gweddill achos o'n i'n trio peidio crio, yn teimlo fatha ffrîc.

Profiad eitha od a bach yn afiach, a deud y gwir, ydy bod ym Mlwyddyn 7 efo bŵbs maint Double D. Am ryw reswm, mae'n rhoi'r hawl i bobl rywioli chdi'n 11 oed, ac wrth gwrs, oedd o'n rheswm arall i beidio licio 'nghorff.

Er 'mod i'n fawr, o'n i'n eitha actif yn tyfu i fyny. O'n i'n licio chwara pêl-rwyd tan i rywun ddeud wrtha i, 'Watsia be ti'n neud, ma 'heina'n beryg,' yng nghanol gêm achos bod fy mŵbs i'n bownsio gormod. O'n i'n licio chwara hoci tan oedd y genod eraill yn y stafell newid yn cymharu bras a deud, 'O leia fydd gen ti'm *black eyes* fatha geith Caryl efo rhei hi.' O'n i'n arfer licio dawnsio bale a tap tan o'n i'n gorfod gwasgu'r Double Ds i mewn i leotard pinc ar gyfer arholiad a chlywed rhywun yn deud, 'Blydi hel, Caryl, ti'n edrych fatha *porn star*, wir Dduw.' Mi *oedd* fy ngwallt i'n gyrls mawr ac mi *o'n* i dal i wisgo'r *blusher* coch ac *eye shadow* glas oedd yn orfodol ar gyfer yr arholiad bale am ryw reswm, ond dwi'n dal i feddwl bod hynny'n beth od iawn i'w ddeud wrth ferch 13 oed.

Erbyn cyrraedd Coleg y Chweched, roedd y llysenw Jugs wedi sticio a dwi'n eitha siŵr bod rhai pobl ddim yn gwbod fy enw iawn hyd heddiw. Chydig iawn oedd yn nabod Caryl; lot mwy yn nabod Jugs. O'n i'n hollol siŵr pan fyswn i'n symud i'r brifysgol y byswn i'n cael gadael Jugs yn y coleg ac o'r diwedd yn cael dechra bod yn Caryl, ond yn anffodus, dilyn fi i Fangor 'nath 'rhen Jugs, fatha cachu ar waelod esgid.

Am amser hir o'n i'n trio cloi Jugs i ffwrdd mewn bocs a jyst bod yn Caryl, ond dim ond hyn a hyn o weithia elli di glywed petha fatha: 'Fysa chdi mor boring 'sa gen ti'm bŵbs mawr', 'Diolch byth bod gen ti fŵbs mawr neu fysa neb yn hyd yn oed sbio arna chdi' neu 'O'n i mond yn siarad efo chdi achos bo' fi isio gweld bŵbs chdi, eniwe,' cyn i chdi dderbyn y ffaith mai dy fŵbs ydy'r peth mwya diddorol amdanach chdi. Alla i'm deud yn onest 'mod i'n licio 'nghorff i rŵan ond do'n i'n bendant ddim yn ei licio fo'r adeg yna. Mae'n gneud fi'n reit drist wrth feddwl yn ôl am yr holl amser, arian ac ymdrech 'nes i wario yn trio'u cuddio nhw ac yn trio cloi Jugs i ffwrdd.

Yn ddyddiol bydda i'n cael sylwadau am fy nghorff, wel, y bŵbs. Wrth sgwennu hyn rŵan, dwi newydd gael neges yn sleidio i mewn i'r DMs:

Do you sell nudes?

Nothing crazy, just boobs obviously.

'Obviously'. Be arall fysa rhywun isio gynna fi, 'de?! Tydy hyd yn oed *creeps* sy'n gyrru negeseuon fel 'ma i ferchaid dydyn nhw ddim yn eu nabod mond efo diddordeb yn fy mŵbs i.

Ond yn gyffredinol, petha bach fyddan nhw; *double take* wrth i rywun gerdded heibio, neu *nudge* i'w ffrind i neud yn siŵr eu bod nhw'n gweld, ac er mai manion ydyn nhw, dyna sy'n pigo ar yr hunanhyder ac yn gneud i rywun… ella ddim i gasáu ei gorff, ond yn bendant ei resentio fo.

'Nes i gychwyn gneud *stand up* ddim yn hir ar ôl colli Mam ac mae pobl yn aml yn gofyn i fi pam. A'r gwir ydy 'mod i wedi bod isio trio ei neud o am flynyddoedd ond bod genna i ofn. Ond ar ôl colli Mam, mi oedd y peth gwaetha fyswn i 'rioed wedi gallu ei ddychmygu wedi digwydd rŵan a 'nes i oroesi hynny… bron â bod… felly doedd meddwl am gynulleidfa'n peidio chwerthin ar y jôcs jyst ddim mor ddychrynllyd â hynna wedyn. Dwi'n siarad am gael bŵbs mawr yn y rwtîn, sydd ella'n taro'n od ar ôl darllen yr uchod. Ond y peth ydy, dwi'm yn cael gwisgo dim byd sy'n rhy *low cut* neu dwi'n tynnu sylw atyn nhw, ond dwi'm yn cael gwisgo dim byd efo gwddw uchel neu dwi'n gneud iddyn nhw edrych yn fwy. Dwi'm yn cael rhedeg neu fyddan nhw'n bownsio gormod, ond ma'n rhaid i fi neud ymarfer corff achos dydy bŵbs mawr ddim yn cyfri os ti'n dew. Dwi'm yn cael cerdded i mewn i siop i brynu bra sy'n costio llai na £60 ond dwi'm cael cwyno achos ma 'na lot o bobl sy'n talu lot o bres i gael bŵbs fel fi er bod y cefn a'r sgwydda'n brifo o hyd…

Ond dwi *yn* cael siarad amdanyn nhw os dwi isio. Dwi'n meddwl bod 'na rywbeth reit bwerus am allu sefyll ar lwyfan yn siarad am fy mŵbs i. Neu yn hytrach, dwi'n cymryd y pŵer yn ôl ar ôl diodda (ella bo hwnnw'n air rhy gryf?) blynyddoedd ar flynyddoedd o bobl eraill yn eu defnyddio nhw i fwlio, rhywioli, gwrthrychioli a beirniadu, tydy o mond yn iawn 'mod i'n cael siarad am y petha 'ma sydd mewn gwirionedd wedi siapio *lot* ar y person ydw i heddiw, ar fy nhelerau i.

> **Dwi'n meddwl bod 'na rywbeth reit bwerus am allu sefyll ar lwyfan yn siarad am fy mŵbs i.**

Alla i'm deud yn onest 'mod i'n licio 'nghorff, ond mi ydw i'n dysgu i'w garu fo ac, yn fwy na hynny, i fod yn ddiolchgar amdano fo. Yndw, dwi'n dew, ond dwi'n lot mwy na hynny hefyd, ac ar ddiwedd y dydd, dwi jyst ddim yn meddwl mai tew ydy'r peth gwaetha i fod. A dwi'n gwbod (erbyn hyn) nad dyna'r peth mwya diddorol amdana i.

A dwi'n hollol, hollol siŵr, pan ddeith fy amser i ar y blaned 'ma i ben, fydd 'na'r un sôn yn fy nheyrnged i am fy nghorff i (bosib iawn fydd y bŵbs yn cael mensh ond fel troednodyn yn unig, ddim y pennawd). Ond yn hytrach, bydd pobl yn cofio rhywun caredig oedd wastad yn trio bod yn ffrind da, oedd yn caru ei theulu yn fwy na dim byd arall yn y byd, oedd yn ddewr am fynd i nofio er ei bod hi'n teimlo'n hunanymwybodol yn y wisg nofio, oedd yn mwynhau yfad jin pinc a lemonêd er ei fod o'n ddiod 'Basic bitch', yn ôl ryw weiter digywilydd 'nath ei beirniadu hi unwaith, oedd ddim yn ofn bod y cynta i'r bwffe na'r cynta ar y *dancefloor*, 'nath wthio'i hun allan o'i *comfort zone* i drio *stand up* er bod ganddi ddim syniad beth oedd hi'n ei neud.

'Yma y gorwedd Caryl Burke, bŵbs mawr ond gymaint mwy na hynny hefyd...'

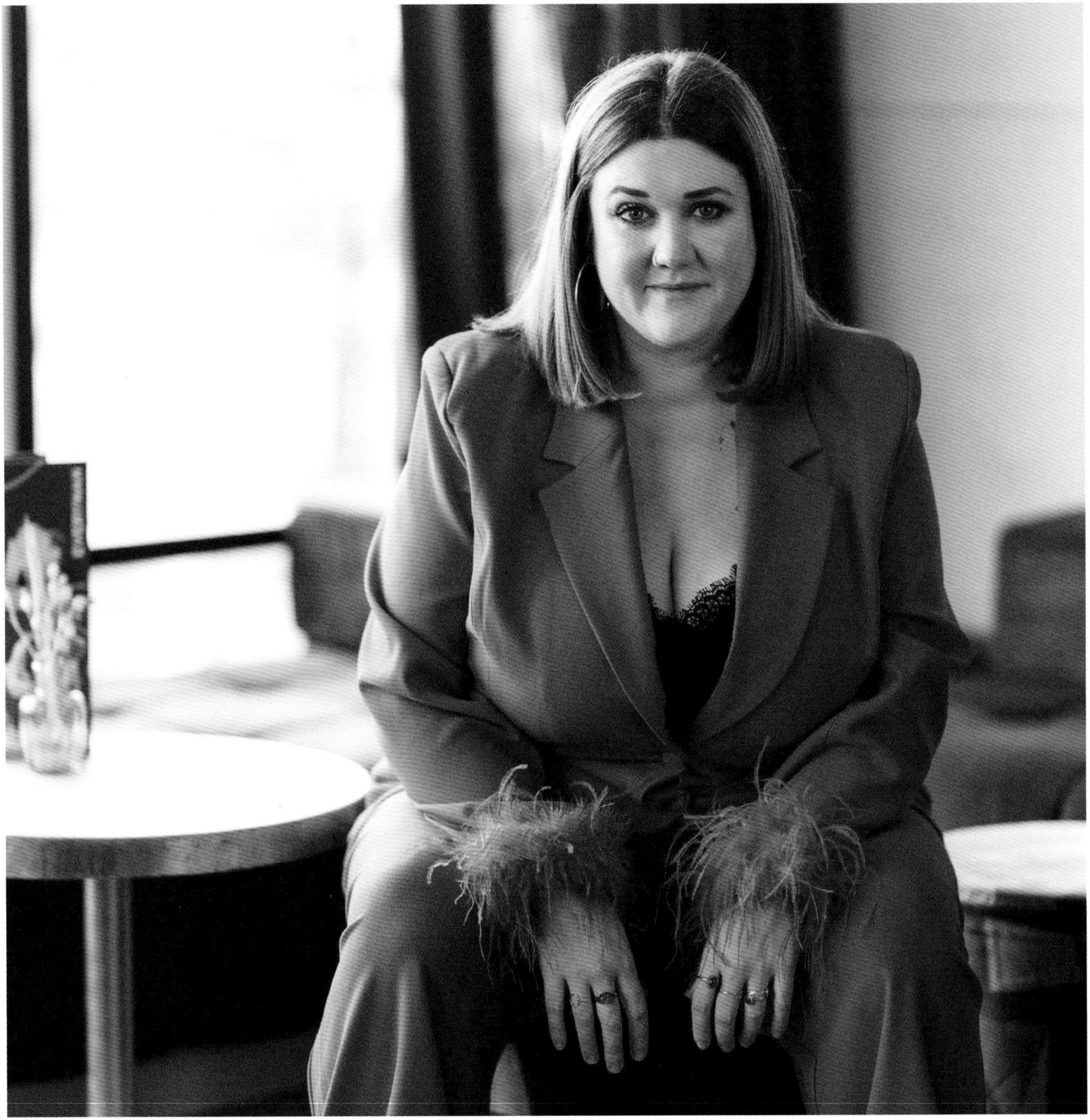

Ti 'di gweld Twitter?

Caitlin McKee

'Ti 'di gweld Twitter?'– pedwar gair 'nath newid pethe i fi am byth. *Cân i Gymru*, ein Eurovision Cymraeg ond heb y *mega budget* na'r cyflwynwyr *cheesy* yn galw o bob cornel o'r byd.

Y flwyddyn o'dd 2017, ro'n i newydd raddio o goleg drama y flwyddyn cynt ac mi o'n i'n dechrau sefydlu fy hun fel perfformwraig yn y diwydiant. Cysylltodd dau ffrind i ofyn a fydde diddordeb 'da fi i ganu cân ro'n nhw isie ymgeisio ar gyfer cystadleuaeth *Cân i Gymru* y flwyddyn honno. Pam lai? Beth o'dd 'da fi i golli? Yn lwcus, cafodd y gân ei dewis gan y panel ac ro'n ni ar ein ffordd i berfformio ar y rhaglen fyw. Nawr, os oes unrhyw un yn gwbod unrhyw beth am *Cân i Gymru* chi siŵr o fod yn ymwybodol o'r syrcas sy'n digwydd ar Twitter bob blwyddyn, y *keyboard warriors* yn eu helfen, fel pennod o *Pawb a'i Farn* ar sbid. Bysen i'n dweud celwydd os o'n i ddim 'di ystyried beth o'dd yn mynd i gael ei ddweud ar y cyfryngau cymdeithasol amdana i, ond ro'n i mor gyffrous gyda'r paratoadau 'nes i wthio'r meddyliau i gefn fy meddwl a mynd ymlaen gyda'r dasg.

Ro'dd y diwrnod mawr 'di cyrraedd – gwallt, colur, ffrog newydd, *check*! Nawr y dasg o aros, achos fi o'dd yn cau'r sioe, dim *pressure*! Act ar ôl act yn dod oddi ar y llwyfan, yr adrenalin yn pwmpio, y dorf yn mwynhau, ro'dd yr awyrgylch gefn llwyfan yn electrig. 'Ti'n barod?' meddai'r rheolwr llwyfan wrth iddi drosglwyddo meic llaw i fy nghledr chwyslyd. Goleuadau yn dallu, braidd yn gallu gweld y rhes gynta o bobl, y band yn tanio, tynnu anadl ddofn, *you've got this, Cait*. Ac yna, dyna fe, ro'dd y perfformiad drosto. Cael ein tywys 'nôl i gefn llwyfan wedyn ar gyfer y canlyniadau, a hir yw bob aros – ro'dd yr aros yn ddirdynnol.

A dyna pryd newidiodd popeth.

Dwi'n dal i gofio'r foment fel petai'n ddoe. 'Nath ffrind o'dd digwydd bod yn gweithio gefn llwyfan fy nhynnu i'r ochr a dweud y geiriau, 'Ti 'di gweld Twitter?' Wel na, wrth gwrs o'n i ddim, o'n i newydd ddod oddi ar y llwyfan, ac ro'dd fy ffôn i yn yr ystafell newid beth bynnag. Dyma fi'n estyn am ei ffôn hi, fy ngheg i'n sych – ydw i'n barod am hyn? Mae'r cwpl o bostiadau cynta dwi'n eu gweld yn grêt, pawb yn caru'r gân a'r perfformiad, dim byd o'i le. Ond wrth i fi barhau i sgrolio dyma realiti yn dod i'r golwg: 'Michelle McManus ar #CIG2017'; '#cig2017 Ew, mae hon yn dew, dydy?'; 'Gemma Collins #cig2017'. Aeth popeth yn dawel, fel petai'r ffiws yn fy nghlustiau wedi mynd, ro'n i'n gweld ei cheg hi'n symud ond ddim yn clywed gair. Daeth fy myd yn ôl i realiti fel tunnell o frics – be ffyc o'n i 'di rhoi fy hun drwyddo?

Dros y dyddie nesa, ar ôl y gystadleuaeth, ro'dd e'n teimlo fel tasen i mewn rhyw fath o *media storm* –

> **Mae'r cwpl o bostiadau cynta dwi'n eu gweld yn grêt, pawb yn caru'r gân a'r perfformiad, dim byd o'i le. Ond wrth i fi barhau i sgrolio dyma realiti yn dod i'r golwg**

y cwmni teledu yn ceisio gwneud rhywfaint o *damage control*, a'r cyfryngau'n cysylltu i gael ymateb i'r stori. Sut o'dd fy nghorff i wedi troi'n destun siarad, wedi cael ymosodiadau gan sawl dieithryn o'dd yn cuddio y tu ôl i sgrin? Ai fy mai i o'dd hyn, yr 'I told you so' o'dd wedi bod yn cwato yn yr isymwybod o'r dechre? A ddylse fi fod wedi gwarchod fy nghorff *plus size* o'r anochel o'r cychwyn? Ond dyna be sy'n digwydd, ondife? Mae'r bai yn trosglwyddo o'r drwgweithredwr i'r dioddefwr. Mae byw mewn corff mwy yn dod law yn llaw gyda'r teimlad o euogrwydd parhaus o geisio bodoli mewn byd lle, os ydyn ni wir yn onest, mae cymdeithas yn gweld llawer mwy o werth mewn corff llai. Ond pam felly?

Wrth edrych 'nôl trwy ganrifoedd o hanes gwelwn enghreifftiau o gyrff mwy o faint yn cael eu clodfori am eu siâp a'u gwerth. Cerddwch trwy unrhyw oriel gelf neu amgueddfa ac fe welwch gerfluniau marmor, gwaith ffotograffiaeth a phaentiadau o ddelweddau benywaidd yn cael eu haddoli am eu cyrff llawn. Mewn cymunedau dros y byd mae cyrff mwy yn cael eu gweld fel pethe positif a dymunol, fel adlewyrchiad o gyfoeth a statws. Felly sut aeth pethe gymaint o chwith, yn enwedig wrth gysylltu gwerth person gyda'r corff mae'n byw ynddo?

I fi, mae'r berthynas rhwng fy ngwerth a fy nghorff wastad wedi bod yn un *love-hate*. Ers fy arddegau ro'n i'n ymwybodol iawn o bresenoldeb fy nghorff o fewn y byd, fy llysenw o'dd Tits McGee – *it does what it says on the tin*! Ro'dd wastad y teimlad o fod yn wahanol, o sefyll mas, cymryd lle do'n i ddim â'r hawl i wneud. Ro'n i wastad â'r ysfa i newid y plisgyn ro'n i'n byw a bod ynddo.

Treulies i'r rhan fwyaf o fy arddegau hwyr a fy ugeiniau yn arbrofi gyda phob deiet a chyfrwng o'dd ar gael i geisio cael gwared o'r pwysau ro'n i mor desbret iddyn nhw ddiflannu. A meddwl 'nôl ar y cyfnod yna, mae 'na dristwch a galar trwm yn gysylltiedig â'r hyn wnes i roi fy nghorff a fy meddwl drwyddo. Merch ifanc o'dd yn erfyn ar y byd i'w derbyn hi, amddiffyn hi, ei charu hi, a'r unig ffordd o'dd hi'n gallu gweld hyn yn digwydd o'dd i newid y corff ro'dd hi'n bodoli ynddo. Efallai bod y lleisiau y tu ôl i'r sgrin yn gywir – falle mai'r unig ffordd i fi wir gael fy nerbyn o'dd trwy beidio bod yn fi?

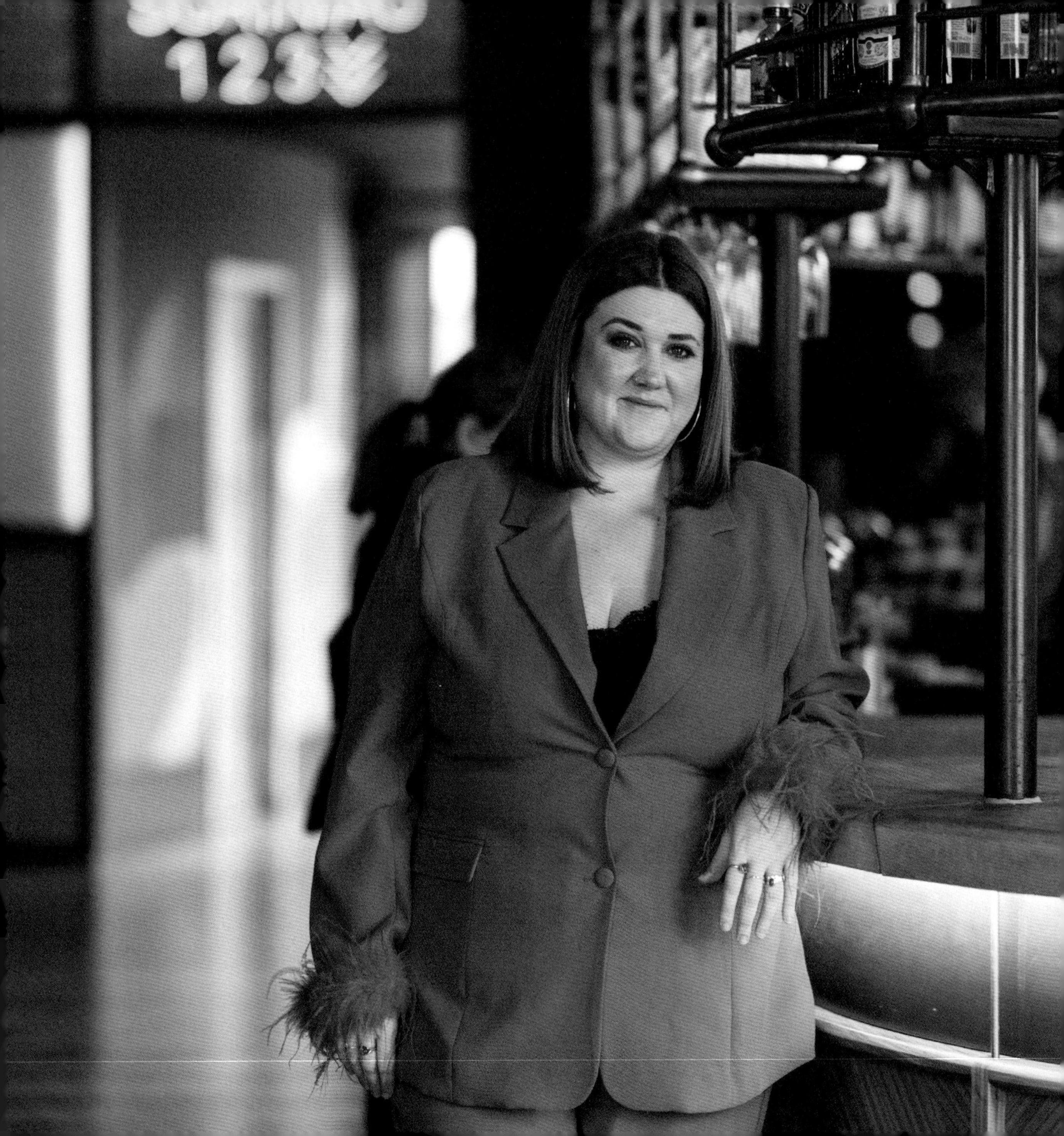

Ond yn 2019 trodd y llanw.

Fel dywedais i'n gynharach mi o'n i'n troi fy llaw at unrhyw gyfrwng i geisio colli pwysau, a'r tro yma, llyfr oedd y *weapon of choice* – llyfr oedd yn sôn am fynd 'nôl i agweddau *primal* pobl yn y ffordd o fwyta a gweld bwyd, sef *How to Have Your Cake and Your Skinny Jeans Too* gan Josie Spinardi. Ro'n i 'di darllen llawer amdano ar y cyfryngau cymdeithasol, felly pam lai, beth o'dd 'da fi i golli?! (Pun very much intended!) Nawr, bydd rhaid i chi fadde i fi am deitl y llyfr – enghraifft wych o geisio bachu sylw'r rhai o'dd yn erfyn i golli pwysau – ond y cynnwys 'nath newid popeth, ac yn fwy penodol, y bennod gynta oedd y *lightbulb moment*. Ynddi ro'dd yr awdur wedi ymchwilio i ddechreuad a hanes dwys deiets yr ugeinfed ganrif a beth o'dd y ffeithiau gwyddonol y tu ôl iddyn nhw. Tudalen ar ôl tudalen, ffaith ar ôl ffaith, mi o'dd y dystiolaeth yn glir mewn du a gwyn, dydy deiets ddim yn gweithio, ac yn waeth byth, ddim i *fod* i weithio yn barhaol chwaith. Ond yr un ffaith sydd wedi llosgi yn fy meddwl ac a newidiodd trywydd fy mywyd am byth, yw bod 97.5% o ddeiets ddim yn llwyddiannus ac yn arwain at y person yn ailfagu'r pwysau ar ôl eu gorffen.

Ai dyma o'dd cylch fy mywyd yn mynd i fod am weddill fy oes? Colli a magu pwysau i geisio derbyn fy hun o ran fy nelwedd ar y tu allan, neu o'dd yr amser wedi dod o'r diwedd i mi dderbyn fy nghorff a dechre byw fy mywyd i'r eithaf, er gwaetha beth o'dd cymdeithas yn ei feddwl ohona i?

A dyna ni, ers darllen y llyfr a gwbod y ffeithiau dwi ddim wedi mentro mynd ar unrhyw ddeiet, ceisio newid delwedd nac wedi rhoi un droed ar glorian i fesur fy ngwerth trwy fy mhwysau. Bysen i'n dweud celwydd i ddweud ei bod hi'n broses hawdd; mae ailddysgu degawdau o arferion sydd wedi eu gwreiddio'n ddwfn yn cymryd amser i'w dad-wneud ac ailgyweirio, ond yn ara deg fe ddaeth y golau'n gliriach. Mae fy mherthynas nawr yn un o gariad, gwerth a pharch tuag at y corff unigryw dwi'n bodoli ynddo. Y corff sydd wedi fy nghynnal trwy'r dyddiau tywyll ac yn fy ngalluogi i gario mlaen, yr un sydd wedi teithio ar draws y byd ar anturiaethau anhygoel, y corff sy'n caru bwyta a bwyd, ac sydd ddim yn mynd i ymddiheuro am gymryd lle yn y byd 'ma rhagor.

Dwi wastad wedi bod yn rhywun sy'n hoffi dillad a ffasiwn a gwisgo i fyny ac efallai mai fy nghefndir fel perfformwraig sydd wedi dylanwadu ar hyn. Er, mi oedd yna gyfnod yn fy ugeiniau pan o'n i'n ceisio cuddio y tu ôl i ddillad du a thywyll gan 'mod i'n credu bod hynny'n ffordd o doddi i mewn a pheidio tynnu sylw at fy nghorff. Ond nawr dwi'n gweld dillad fel modd o ddangos i'r byd pwy ydw i – dynes cwiar yn fy nhridegau – a dwi ddim yn mynd i ymddiheuro am gymryd lle trwy fodoli. Yn y gorffennol mi o'n i'n tueddu i wisgo be o'n i'n meddwl o'dd cymdeithas yn disgwyl i fi wisgo ar rannau o fy nghorff dylse fi guddio, ond nawr mae'r dillad dwi'n eu rhoi ar fy nghorff i blesio fi a'r hapusrwydd maen nhw'n rhoi i fy mywyd i.

Erbyn hyn dwi wedi ailhyfforddi fel bydwraig, ac mae'r broses honno wedi bod yn agoriad llygad i mi o sut mae corff person beichiog yn gallu goroesi'r sialensau mwya heriol i allu dod â bywyd newydd i'r byd, pa bynnag ffordd mae ei chorff yn edrych.

... nawr dwi'n gweld dillad fel modd o ddangos i'r byd pwy ydw i – dynes cwiar yn fy nhridegau – a dwi ddim yn mynd i ymddiheuro am gymryd lle trwy fodoli.

Dydy e ddim yn newyddion i neb bod ein gwasanaeth iechyd yn aml yn adlewyrchu meddylfryd *fatphobic* a beirniadol, gyda llawer sy'n byw mewn cyrff mwy yn osgoi ymweld â gweithwyr meddygol er mwyn amddiffyn eu hunain a'u hiechyd meddwl. Dwi fy hun wedi cael y profiad o hyn ac felly dwi'n teimlo hyd yn oed mwy o gyfrifoldeb fel bydwraig sy'n byw mewn corff tew i wastad fod yn eiriolwr i fenywod ac unigolion beichiog sydd dan fy ngofal i deimlo eu bod nhw'n saff ac yn cael eu gweld a'u clywed heb ragfarn. Dwi'n aml yn cyfeirio unigolion at waith Dr Sara Wickham, bydwraig ac ymchwilydd gwych sydd wedi ysgrifennu'r llyfr *Plus Size Pregnancy*, i sicrhau eu bod nhw'n derbyn gwybodaeth sy'n seiliedig ar dystiolaeth ffeithiol i alluogi iddyn nhw fod yn eiriolwyr hyderus yn ystod y broses.

    Dydy'r gofal dwi'n ei roi ddim yn ddibynnol ar faint a siâp fy nghorff neu fy mhwysau, ond yn hytrach, beth sydd y tu fewn sy'n gwneud y gwahaniaeth, ac yn y bôn dyna beth sy'n bwysig. Cysylltiad, cariad a dynoliaeth – heb y rhain, sut wir allwn ni fodoli fel pobl?

> **… dwi'n teimlo hyd yn oed mwy o gyfrifoldeb fel bydwraig sy'n byw mewn corff tew i wastad fod yn eiriolwr i fenywod ac unigolion beichiog sydd dan fy ngofal.**

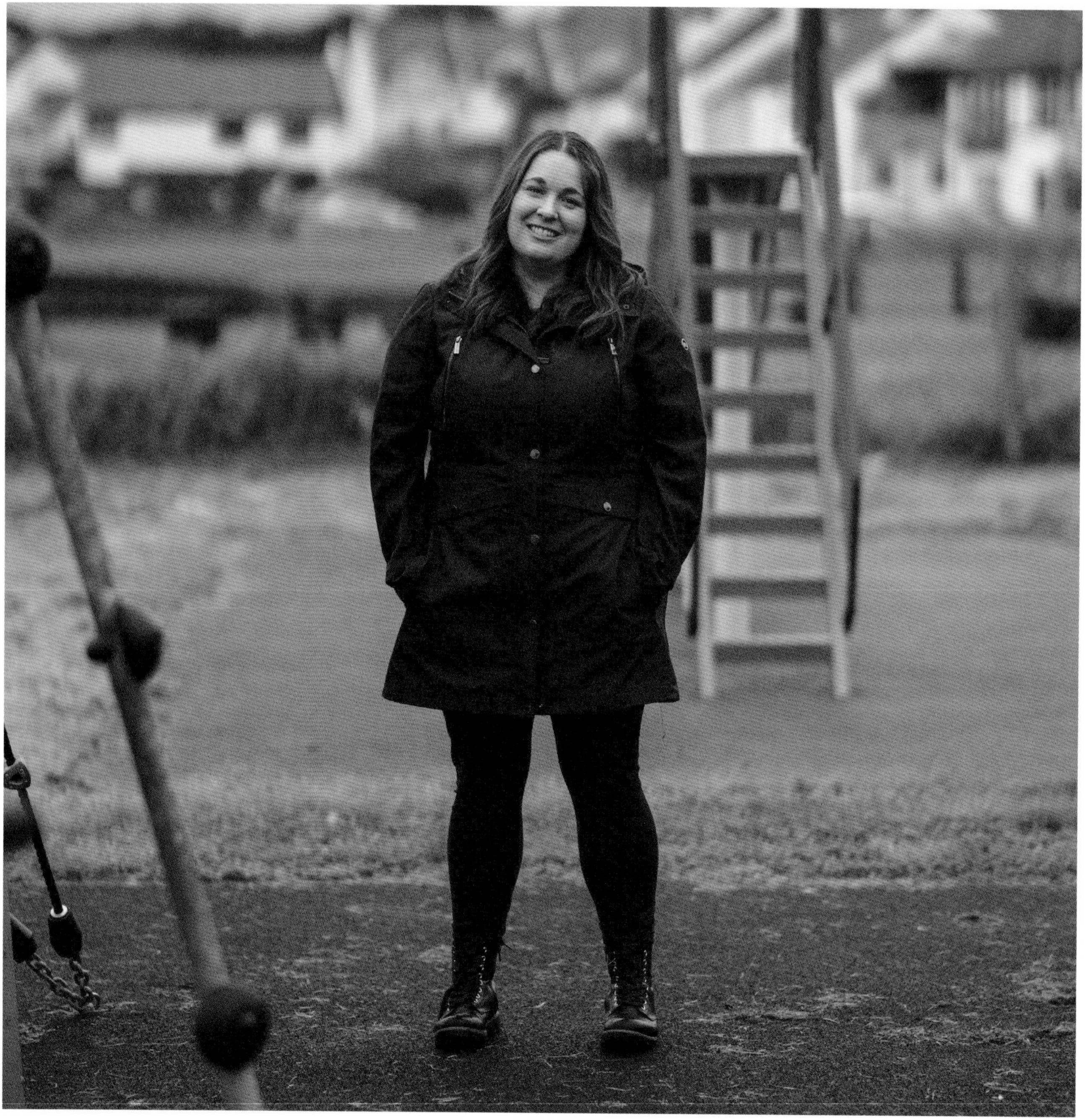

Dyddiadur Byta Fatrin

Catrin Angharad Jones

Dwi'n edrych yn ôl ar ddyddiadur 2018 ac yn rhyfeddu. Dyma'r union bennawd. 'Dyddiadur byta Fatrin'. Rhyw chwilen ddaeth i fy mhen ryw nos Sul, os cofia i'n iawn, ar ôl suddo i mewn i'r soffa a theimlo rhyw euogrwydd o wneud hynny er 'mod i wedi treulio'r diwrnod yn magu babi chwe mis oed, a mwy na thebyg heb gysgu'n iawn ers misoedd.

O dan y pennawd chwerthinllyd hwnnw mae yna restr o resymau PAM 'mod i angen colli pwysau – air am air…

- Dwi'n cymryd pwmp asthma yn amlach.
- Dwi 'di blino.
- Ma 'nghefn i'n brifo.
- Dwi angan rhedag ar ôl Bleddyn.
- Dwi'n fflapian tra dwi'n arwain y côr.
- Ma 'mhenglinia i'n clician.
- Ma 'mol i'n llosgi.

- Dwi'n cymryd gormod o Gaviscon.
- Dwi'n cael palpyteishyns yn y nos.
- Dwi isio'r fodrwy briodas ffitio.
- Dwi'n teimlo 'tha shit.

Dwi'n dyfalu ella fod y rhan fwyaf ohonoch chi wedi medru uniaethu â rhywbeth ar y rhestr yma ryw dro neu'i gilydd? A rhai ohonoch wedi bod yn yr un sgidia â fi yn union o bosib, a'ch *cankles* chitha'n byljo allan o'r sgidia hynny!

Yr hyn sy'n fy nharo i o edrych yn ôl ydy cymaint allan o gymeriad oeddwn i yn y cyfnod hwnnw. O oed ifanc, dydw i ddim wedi bod yn un sy'n malio llawer am fy edrychiad. Dwi'n blwmpsan erioed ac wastad wedi bod yn 'hogan nobl' ond fuodd hynny erioed yn achos i mi bryderu. Dydw i ddim yn cofio cyfnod lle roeddwn i'n gaeth i ffasiwn, yn mynnu cael y dilledyn diweddaraf, yn teimlo pwysa i wario ar golur drud na'n meddwl bod angen i mi bwyso hyn-a-hyn ar glorian neu edrych fel-a-fel yn y drych.

Mae'r diolch am hynny i fy rhieni. Dwi wedi cael fy magu mewn teulu sy'n byw bywyd yn bositif, sy'n gyndyn o feirniadu eraill ac yn closio at bawb, dim otsh be ydy eu hedrychiad. Y neges ar yr aelwyd acw oedd os oes gen ti gorff iach sy'n gwneud be ti angen iddo fo wneud, wel, mi rwyt ti'n ffodus iawn. Cytuno?

Roeddwn i'n ddiniwed, yn cael fy magu fel mae plant i fod i gael eu magu – mewn mwd ac yn yr awyr iach, yn claddu cinio dydd Sul, *fish fingers*, *bolognese*, *fajitas* neu be bynnag oedd

> **Dwi wedi cael fy magu mewn teulu sy'n byw bywyd yn bositif, sy'n gyndyn o feirniadu eraill ac yn closio at bawb, dim otsh be ydy eu hedrychiad**

> **Mi dderbyniais yn fy ugeiniau hwyr na fyddwn i fyth fel styllan, 'mod i'n berffaith hapus i adael y tŷ heb golur, a bod genna i ffydd yn y ffaith fod pobl yn gweld fy rhinweddau da, dim otsh be dwi'n ei wisgo, na faint dwi'n ei bwyso.**

ar y bwrdd (heblaw lobsgows – blych!), ac yn tyfu'n feddyliol gryf a hyderus ymhell o sgrins a safbwyntiau niweidiol fel sy'n yr oes ohoni, ac mi fydda i'n fythol ddiolchgar am hynny.

Mi dderbyniais yn fy ugeiniau hwyr na fyddwn i fyth fel styllan, 'mod i'n berffaith hapus i adael y tŷ heb golur, a bod genna i ffydd yn y ffaith fod pobl yn gweld fy rhinweddau da, dim otsh be dwi'n ei wisgo, na faint dwi'n ei bwyso.

Felly, wrth edrych yn ôl ar y rhestr honno yn 2018, mae un peth wedi fy nharo. Wel, dau beth a deud y gwir. Yn gyntaf, dwi'n amau fod hormons a diffyg cwsg yn chwarae rhan gref yn yr ysgrif y diwrnod hwnnw, o bosib. Yn ail, nad oes yna ddim byd ar y rhestr o resymau colli pwysau yn cyfeirio at fy edrychiad i. Mae'r cyfan oll am fy iechyd i a sut dwi'n teimlo – ewch yn ôl i sbio, ddisgwylia i.

Mae'n wir, tydy? Dwi wedi trio SAWL deiet yn ei dro, a gan amlaf i geisio taclo'r ffaith 'mod i'n teimlo'n slygish, yn ddi-fflach, yn methu canolbwyntio, yn flin, 'mod i mewn rhyw fath o boen corfforol, 'mod i'n methu cyflawni be dwi isio ei wneud oherwydd sut dwi'n teimlo. Does dim cyfeiriad at y ffaith fod gen i din mawr, neu ddwy ên, neu 'mod i'n cael trafferth gwasgu i mewn i ryw ddilledyn.

Felly, er mor negyddol ydy'r rhestr, dwi'n meddwl ei bod hi'n rhestr iach (eironig, wn i!). Dwi'n dal i obeithio 'mod i am fedru ffrwyno fy iechyd rhyw ben, bod yn feistr ar fy neiet cytbwys a bod yn ddigon ffit i redeg (o leiaf) 5k rhyw ddiwrnod. Ond ar hyn o bryd, dydw i na fy iechyd yn flaenoriaeth ar y rhestr. Mae BOB DIM arall yn dod yn gyntaf – y plant, y gŵr, fy rhieni, fy ngwaith, golchi, cwcio, joio... ac wedyn rhyw feddwl ella dylswn i estyn y *dumb-bells* o'r cwpwrdd neu fynd am dro rownd y pentref. Sawl un ohonoch chi sy'n gallu uniaethu â hynny, tybed?

> **Mae hi'n ddeg, weithiau'n un ar ddeg y nos cyn i mi feddwl am eistedd a chael amser i mi fy hun, a phwy aflwydd sydd eisiau estyn mat yoga adeg hynny o'r nos? Netflix sy'n curo – bob tro.**

Mae hi'n ddeg, weithiau'n un ar ddeg y nos cyn i mi feddwl am eistedd a chael amser i mi fy hun, a phwy aflwydd sydd eisiau estyn mat yoga adeg hynny o'r nos? Netflix sy'n curo – bob tro.

Erbyn hyn, dwi ddim hyd yn oed yn teimlo'n euog am y peth ac yn crasho ar y soffa a gorffwys fy meddwl a 'nghorff mewn llonyddwch a thawelwch tra mae gen i'r llygedyn bach hwnnw o amser cyn mynd am y ciando (ac yna cael fy neffro yn yr oriau mân gan y bychan!). Cylch dieflig fydd hi am rai blynyddoedd wrth i bob dim dwi'n ei wneud droelli o amgylch y plant, a braint a phleser ydy bod yn rhan o'r cylch dieflig o fynd i'r gwely wedi blino, a chodi wedi blino!

Wnaiff o ddim para'n hir, a phan ddo i allan y pen arall ymhen rhyw chydig flynyddoedd, dwi'n mynd i roi amser i mi fy hun – nid i golli pwysa a bod yn denau, ond i gael rhoi fy iechyd rhyw fymryn yn uwch ar y rhestr nag ydy o rŵan.

Dwi'n mynd i fynd â'r hogia i sgio heb deimlo fel walrws yn sgio ar ddwy fatsian. Rydan ni am fod yn deulu sy'n mynd ar ein beics, yn cerdded cymoedd Eryri, yn nofio yn y môr, yn cael gêm o bêl-droed yn y parc a hynny heb i mam orfod sefyll ar yr ochr yn dal y bagia am fod ei chefn hi'n brifo!

Mi fydd raid i mi ddechra shifftio, a shifftio go iawn, y munud ca i fy amser yn ôl neu dwi'n poeni y bydda i'n creu dibyn go serth i mi fy hun o ran problemau iechyd, ac mae hynny'n codi bwgan arna i.

Does yna ddim un diwrnod yn mynd heibio pan nad ydw i'n poeni am boen cefn, neu'n grediniol fod genna i *ulcer* stumog, 'mod i'n *walking heart-attack* neu 'mod i'n annhebygol o fyw heibio 50 oed oherwydd fy mhwysau. Mae hynny'n rhywbeth sy'n deillio o broblemau stumog mawr ges i ddeng mlynedd yn ôl. Trafferthion wnaeth fy llorio am fisoedd, a pharlysu blynyddoedd i mi, a dweud y gwir, gan ddod â sgileffeithiau corfforol a meddyliol efo fo – *panic attacks*, sâl wrth gerdded i fyny'r grisia, chwil yng nghanol canu mewn cyngherddau, crynu a methu codi o 'ngwely, methu mynd i 'ngwaith – mae'r rhestr yn faith.

Mae 90% ohona i yn ei ôl bellach ers y cyfnod hwnnw. Mi ddaw'r 10% arall, dwi'n siŵr.

Ond edrych yn bositif ar betha ydw i erbyn hyn, er gwaetha'r meddyliau afresymol a dramatig o bryd i'w gilydd! Dwi'n hapus – ac nid pawb sy'n gallu dweud hynny. Hapus yn fy mhriodas, hapus yn magu fy mhlant, hapus yn fy nghymuned a fy ngwaith, ond yn bwysicaf oll, hapus ynof i fy hun fel ag yr ydw i ac yn ddiolchgar am bob profiad.

Mi ddaw'r amser i flaenoriaethu iechyd, i ddechra gwneud rhyw siâp arni ac i roi un siot ar ennill Miss World... Nid rŵan mo hynny!!!

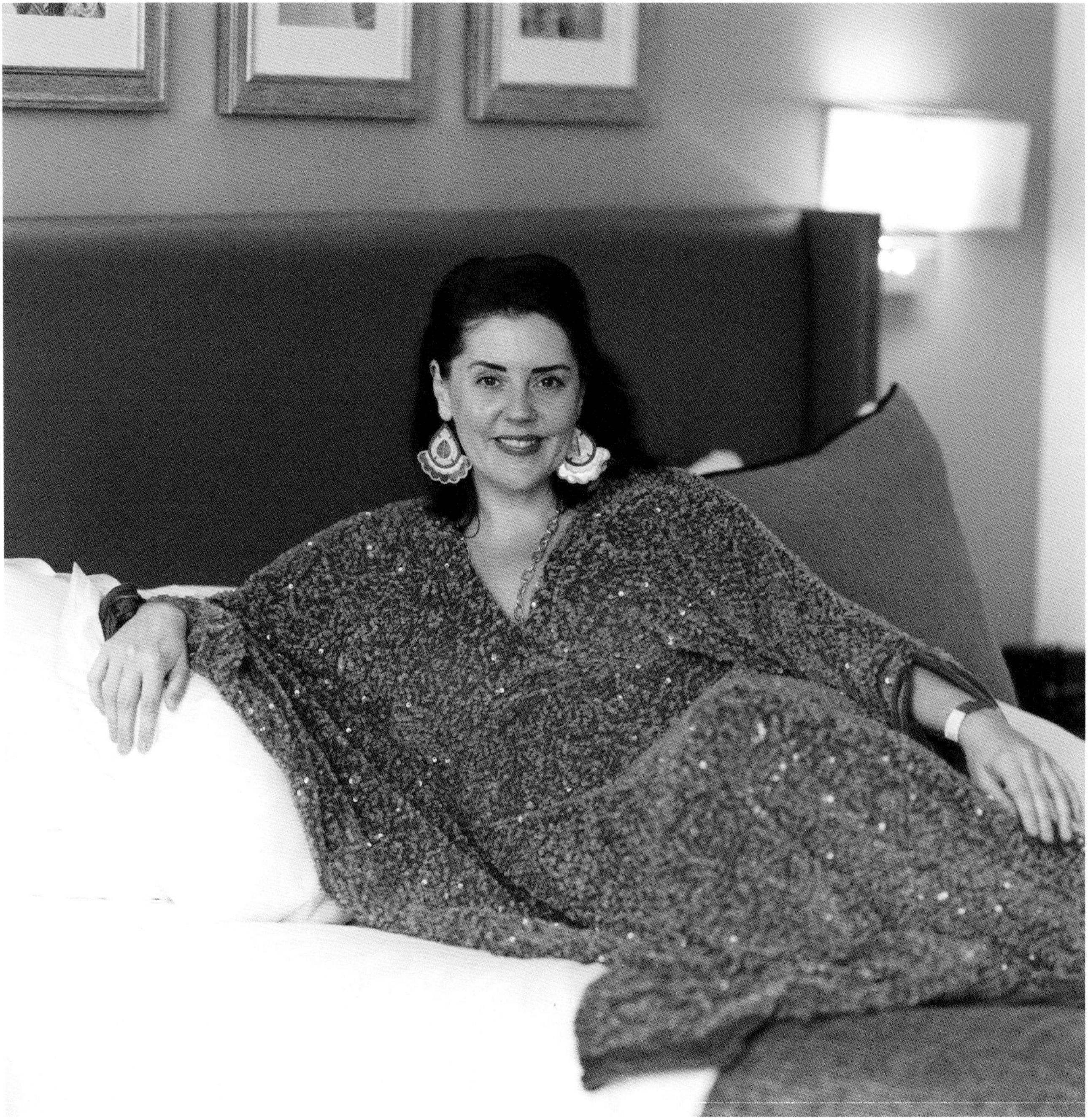

Dwst y sêr

Carys Eleri

Wrth sgrifennu hwn 'wy'n gwisgo *jumpsuit* goch dynn, yn pwyso'r mwya 'wy wedi pwyso ers i fi gyrraedd fy *peak* dwetha ar ddechre fy ugeinie ac yn teimlo'n hollol ffabiwlys!! Alla i weud taw'r mwya hunanymwybodol 'wy wedi bod o 'nghorff o'dd pan es i ar *hell-bent mission* i golli pwyse. O'n i'n barod wedi mynd o seis 20 i 14, ac yna es i lawr i seis 6. Colli mwy na thrydydd rhan o'm hunan – erbyn hynny do'n i ddim yn gwbod lle o'dd stopo ac o'n i'n mynd yn *hyper critical* o beth o'n i'n ei weld yn y drych – ac mewn gwirionedd, o'n i lot hapusach cynt.

    'Nath cwpl o bethe arwain fi at y cyfnod hwnnw – y peth cynta o'dd iechyd. O'n i tua 21 mlwydd oed, yn teithio gyda Theatr Genedlaethol Cymru o'dd newydd ffurfio, a bob bore o'n i'n dihuno gyda 'nghalon i'n curo mor galed o'dd e'n eitha *scary*. O'dd fy ffrind annwyl, yr actores Rhian Blythe, yn teithio 'da Theatr Gen hefyd, a phan o'n i'n stopio teithio, fan'na o'dd hi, yn gwneud *detox* – o'dd yn derm newydd sbon i fi ar y pryd yn 2004. Ar ôl tridie o detocsio ar ôl teithio ac yfed a byta rwtsh, o'dd hithe'n ôl fel tylwythen deg yn edrych yn hollol iach a ffabiwlys – ei llygaid yn sbarcli, ei chroen yn goleuo a sawl sgip yn ei step. A feddylies i, 'Helô – fi isie TEIMLO fel'na.' Do'dd e ddim am y pwyse, o'dd e am y teimlad ac am fy iechyd. Felly off â fi i'r siop a phrynu llyfr yr anhygoel Carol Vorderman, *Detox for Life*, i addysgu fy hunan am y busnes *detox* 'ma, gan feddwl bydden i'n cychwyn arni mewn cwpl o fisoedd. Ond wedi ei ddarllen o glawr i glawr o fewn cwpl o ddiwrnode, do'dd dim pwynt aros.

O'n i 'di bod yn edrych ar fwyd yn hollol rong yr holl amser, yn byta ta beth o'dd ar gael – pryde bwyd mawr iawn, a dim lot o sylw i lysie a ffrwythe. O'dd addysgu fy hunan am beth o'dd gwahanol ffrwythe a llysie yn ei neud i gefnogi a gwella'r corff yn syniad hollol *mindblowing* o newydd, a 'nes i fwynhau gymaint mynd i siopa a dysgu shwt i goginio pryde iach, maethlon a gofalu am 'yn hunan.

Ar ôl colli tua stôn a hanner o fewn mis dechreues i ymarfer corff yn rheolaidd am y tro cynta erioed. O'n i'n teimlo'r iacha o'n i erioed wedi ei deimlo, yn gwisgo dillad maint 14, yn ffit, yn IACH. Ond yna ges i gariad newydd – boi golygus a thalentog ac o'n i 'di hurtio drosto fe, a wedodd e wrtha i un diwrnod, 'You look really pretty, but if you lost weight you could be stunning.' Am dwat! A 'nath y fersiwn 26 mlwydd oed ohona i wrando ar y twpsyn, a dyna pryd aeth hi'n broses ddiddiwedd o isie bod mor fach ag y medrwn i. Miloedd o ddeiets – rhai heb 'run llysieuyn yn agos atyn nhw, a rhai jyst... powdwr! Ac yn obsesd â ffitrwydd. Ych-a-fi. Tasen i ond wedi sticio 'da'r pethe da o'n i wedi'u dysgu ar ben 'yn hunan pan ddes i i le da a jyst mwynhau 'nghorff a 'MYWYD!!

'Wy nawr 18 mlynedd yn hŷn ac yn methu dychmygu gadael i unrhyw berson fel 'na ddod i mewn i 'mywyd rhagor, na gwrando ar gyngor unrhyw un ar shwt fi'n edrych. Fi yw bòs fy nghorff i, a neb arall. A gweud y gwir, tase rhywun yn trial –

> **"You look really pretty, but if you lost weight you could be stunning."**

arglwydd, bydden i'n wherthin 'y mhen off, a swanio bant i brynu glased o siampên, gweddïo dros y twpsyn a dathlu fy rhyddid!

Ond wrth gwrs, hyd yn oed heb rhywun yn goruchwylio shwt 'wy'n edrych, ma dal i fod pwyse allanol trwy'r cyfryngau cymdeithasol ac yn y blaen, ac 'wy mor falch bod sêr pop fel Lizzo yn bodoli – yn dangos pa mor secsi y'n ni fenywod yn gallu bod. Achos ein hysbryd ni, ein hegni ni sy'n dweud ein stori ni, nid seis ffrog na chyfanswm pwyse – i fi ma hwnna jyst mor anhygoel o boring o gymharu â gwbod pethe fel: beth yw'r pethe mawr wyt ti 'di goroesi yn dy fywyd? Sut ddest ti drwyddyn nhw? Ble ti 'di bod yn teithio? Pa wersi ddysgest ti ar dy daith? Pwy wyt ti wedi ei golli a sut 'nest ti lenwi'r bwlch a blodeuo unwaith eto? A ddoth y cariad yna ar ffurf ffrindiau, natur, ac agor dy hun i fyny i garu gwahanol fathau o bobl?

Dyna'r stwff sy'n serennu, nid blydi seis dy ddillad – boring!

Ar ddiwrnod cynta'r ffilmio o'dd rhaid i fi sefyll yn hollol noeth mewn gardd dan leuad llawn ...

'Wy'n cofio pan ges i 'nghastio fel Myfanwy yng nghyfres *Parch* ar S4C 'nôl yn 2015, 'nes i'r penderfyniad i roi bach o bwyse mlaen i drio edrych yn hŷn, achos o'n i'n whare menyw o'dd tua deg mlynedd yn hŷn na fi a finne'n edrych lot ifancach pan 'wy'n colli pwyse. Ar ddiwrnod cynta'r ffilmio o'dd rhaid i fi sefyll yn hollol noeth mewn gardd dan leuad llawn ac awyr glir ym mis CHWEFROR! Helô, nips! O'n nhw fel dwy limpet *glitzy*. O'dd y cymeriad yn wynebu marwolaeth ei hunan ac yn pendroni am y ffaith ein bod ni'n dod i'r byd yn noeth ac yn gadael y byd yn noeth. Ac er bod yr holl beth yn boncyrs o *unnerving*, alla i wir weud 'nes i fwynhau gymaint, achos o'n i'n cael fy ngwarchod gan dîm saff o bobl. O'dd pawb yno yn fy mharchu, a byth am gywilyddio. O'dd pawb ar y set mor gariadus, ac o'dd e'n brofiad *liberating* ofnadwy jyst bod yn fy nghroen – heblaw am y ffaith ei bod hi actiwali yn rhewi. O'dd e fel ryw rhyddhad o'm cywilydd am yr un corff anhygoel o gymhleth a hardd yma sy'n fy nghadw i'n fyw bob dydd heb i fi orfod neud lot.

'Wy'n cofio un o'm ffrindie penna yn gweud – pan symudodd hi o'r Iseldiroedd i Brydain am y tro cynta yn ei hugeinie – amdani'n cael diwrnod mewn sba gyda'i ffrindie coleg newydd. Diosgodd ei dillad a jyst cerdded i mewn i'r pwll nofio yn noeth, fel o'dd hi wastod wedi'i neud adre, a 'nath criw o staff jyst rhedeg ati yn sgrechen fel tase hi newydd ladd rhywun ac wedyn cachu ar y llawr. Druan â hi!! A wedodd hi, 'That was the first day I ever felt shame. Ashamed of my body. Before then I just hadn't thought about it, it was just my lovely body.' O'dd hi wedi tyfu lan 'da phobl o bob rhywedd ac o'dd yn nofio'n noeth, a neb yn meddwl dwywaith am y peth.

'Nes i droi'n 42 oed eleni, ac 'wy'n sicr wedi bod yn diodde o symptomau'r perimenopos ers rhai blynydde – mae'n broses o ddeg mlynedd wedi'r cyfan. Ma hormonau'r corff yn cymryd hit mawr sy'n effeithio ar bob rhan o'r corff, nid jyst yr ochr genhedlu a mislif – ma hwnnw'n rhan reit fach mewn murlun anferth, ehangach. Ma siwrne eratig estrogen a phrogesteron yn gadael y corff yn meddwl bod pob organ yn gweld yr effaith, o'r ymennydd i'r system dreulio i'r galon i'r ysgyfaint i'r afu, y pethe sy'n cael eu heffeithio wrth i'r corff brosesu popeth – o fwyd i feddyliau.

Dechreues i ar HRT dri mis yn ôl, ac 'wy'n teimlo bod y sbarcl yna o'dd yndda i gynt, y *joie de vivre* o'dd i weld yn araf ddiflannu, yn sydyn reit 'di dod yn ôl. Y neges fwyaf yn y cyfnod yma mewn bywyd, yn ôl Dr Mary Claire Haver, un o ddoctoriaid menopos mwya'r byd, yw 'strong over skinny'. Ma codi pwysau yn gwarchod ein hesgyrn a'n cyhyrau wrth i ni fynd yn hŷn, a rhaid rhoi'r bwydydd iawn i'r corff i'w warchod yn hanner ola ei fodolaeth. 'Wy'n bwyta'n well nag 'wy wedi erioed, ac yn teimlo'n gryf. Dros fy mhwyse? Odw! Ond 'wy'n teimlo'n dda – a dyna sy'n bwysig.

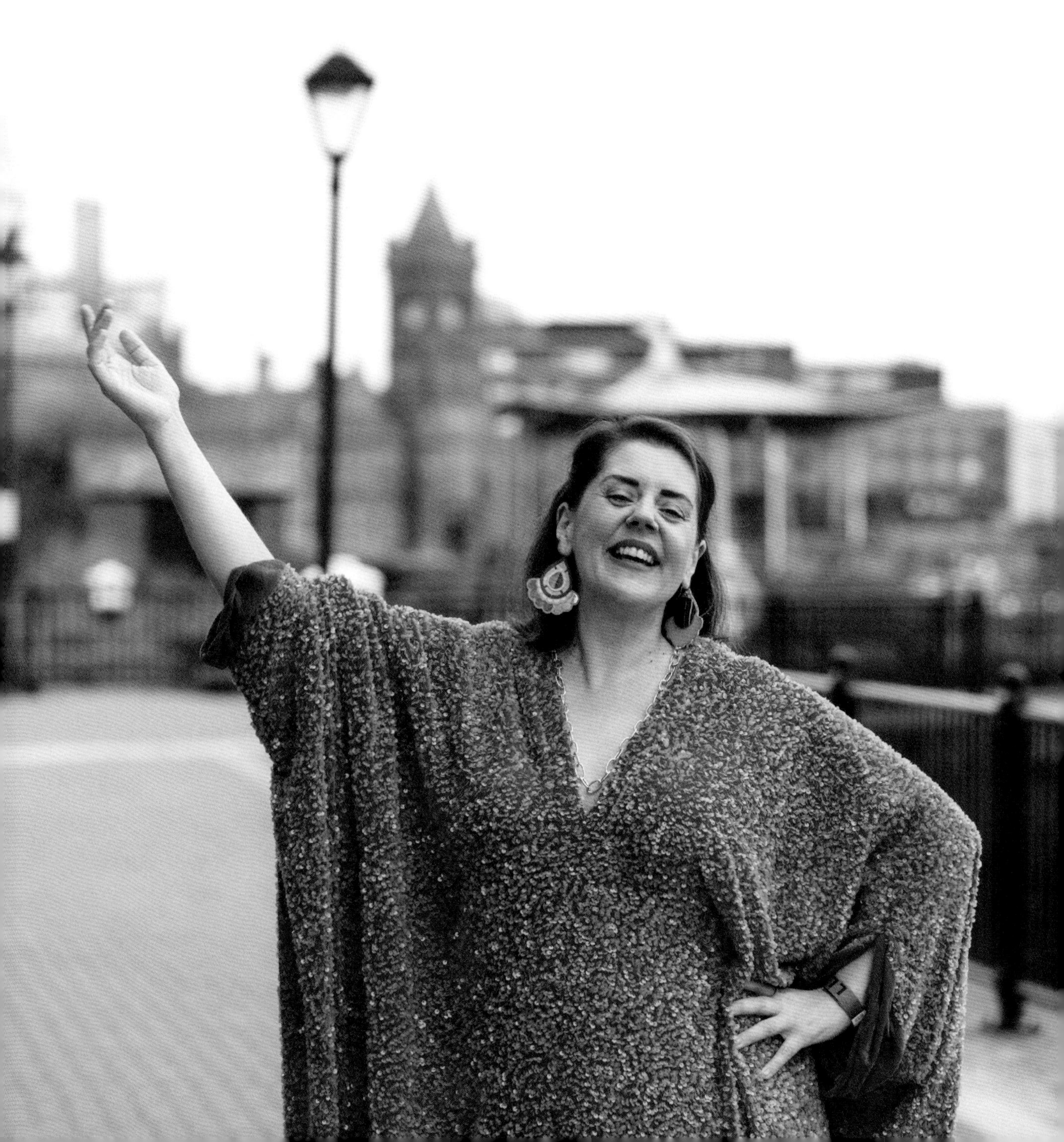

Ges i ddamwain car ar ddiwedd 2022, a methu symud yn iawn am flwyddyn. O'dd symptomau iechyd meddwl y perimenopos, y boen, y diffyg symud a'r trawma o fod mewn sefyllfa ble'r o'n i bron â marw wedi creu trafferthion ofnadwy i mi yn feddyliol. Felly roedd rhaid neud tri pheth – adeiladu'r cyhyrau yn ôl i fedru symud heb gael loes; bwyta'r bwydydd a fydde'n cael effaith dda ar bob rhan o'r corff, gan gynnwys fy system dreulio sy'n cefnogi fy ymennydd a fy iechyd meddwl ar gyfer y perimenopos; a dechre cael therapi – siarad am bopeth gyda therapydd proffesiynol, a gyda ffrindie hefyd. Ma angen i ni i gyd helpu ein gilydd. Ma maeth ac ymarfer corff yn gallu neud lot, ond ma cymdeithasu ac agor lan am ein teimladau a'n profiadau anodd yn wyddonol yr un mor bwysig i bob bod dynol. Ma gymaint o fenywod yn eu tridegau hwyr a phedwardegau cynnar yn dechre cael symptomau perimenopos sy'n peri iddyn nhw fagu neu golli lot o bwysau a theimlo'n isel ofnadwy. O'n i'n beryglus o isel. Cefnogwch eich hun, carwch eich hun, cyn derbyn eich bod yn diodde o iselder a dyna ni am weddill eich bywyd. Gofynnwch i'r doctor i tsiecio lefelau eich hormonau ac unrhyw *deficiencies* – weithie ma'n rhaid gweithio ar iacháu personol i gael ti'n ôl fel yr wyt ti i fod.

'Wy eisoes wedi dod yn dderwydd paganaidd, ac ma'r llwybr yna wedi rhoi iaith i 'nheimladau i, ein bod ni i gyd yn fodau dwyfol. 'Ta shwt y'n ni'n edrych, ma pob un ohonon ni wedi ein gwneud o ddwst y sêr ac wedi esblygu o bob creadur ar y ddaear

> **Ma maeth ac ymarfer corff yn gallu neud lot, ond ma cymdeithasu ac agor lan am ein teimladau a'n profiadau anodd yn wyddonol yr un mor bwysig i bob bod dynol.**

i gyrraedd y creaduriaid anhygoel ac unigryw rydyn ni nawr. Cara dy hunan fel yr wyt – fel yr wyt heddi, ddim ar ôl y deiet nesa, ddim ar ôl i ti gael sêl bendith rhywun arall – ond nawr. Rho orfoledd dy wychder fel yr wyt heddiw i'r byd ac i'r bobl ti'n cysylltu â nhw, mwynha fwydydd maethlon ein byd, dysga am yr hyn maen nhw'n rhoi i ti a *dathla* y bywyd hynod hwn. Ti'n fwy na digon – ti'n ddwyfol ac yn blydi FFABIWLYS.

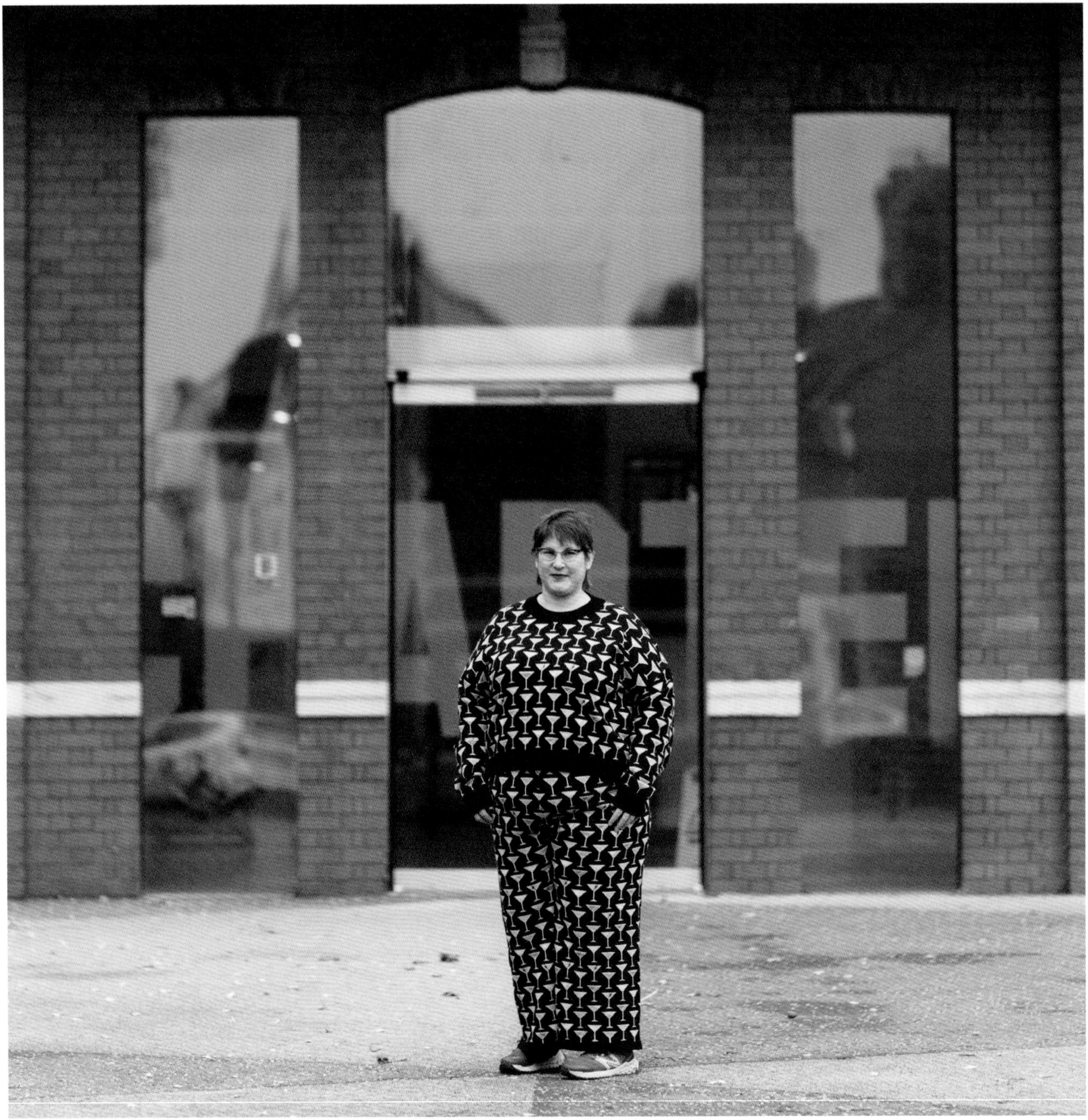

Gwireddu gwlad y breuddwydion

Claire Vaughan

Dwi'n meddwl mai wyth oed oeddwn i pan wnes i sylweddoli 'mod i'n dew. Roedden ni newydd symud tŷ am yr eildro o fewn cwpl o flynyddoedd ac roedd yna ysgol newydd yn fy wynebu. Doedd y plant yn y lle yma ddim mor garedig, a wnaeth hi ddim cymryd yn hir iddyn nhw ddweud wrtha i fy mod i'n dew a bod hynny'n beth drwg. Wnaeth y ffaith fy mod i ar drothwy'r glasoed ddim helpu, felly fe ges i amser caled yn addasu i'r ffordd roeddwn i'n gweld fy hunan a'r byd o'm cwmpas. Enciliais i fyd straeon, lle roeddwn i'n ddiogel, ymhlith llyfrau, cerddoriaeth a ffilm.

Er mwyn ceisio codi 'nghalon, ceisiodd fy mam ddod o hyd i arwresau ar fy nghyfer: Claire Rayner a Dawn French. Gyda phob parch i'r ddwy (yn enwedig yr anhygoel Dawn), doeddwn i ddim eisiau bod fel nhw. Roeddwn i eisiau bod fel Madonna a Kylie. Roeddwn i'n caru cerddoriaeth bop a dawnsio, ond oherwydd y poenydio, fe es i o fod yn fadam fach gegog a hwyliog i fod yn fewnblyg a hunanymwybodol. Roedd fy mam-gu yn mynnu mai dim ond *puppy fat* oedd gen i a buan iawn y byddwn yn teneuo. Felly dawnsiais yn fy ystafell wely gan ddyheu am fod yn hŷn, pan fyddai'r

> **Wrth i mi dyfu lan, fe sylweddolais ei bod hi'n bwysig i mi ddechrau gwneud fy rhan er mwyn ceisio siapio'r byd, a'i wneud yn debycach i'r lle roeddwn i eisiau iddo fod.**

braster i gyd yn disgyn oddi arna i, mewn rhith lledrithiol, fel mewn stori tylwyth teg.

Un diwrnod, dywedodd Mam wrtha i ei bod hi wedi recordio ffilm ar y teledu y byddwn efallai yn ei hoffi. Wna i fyth anghofio pa mor chwyldroadol oedd y ffilm i mi bryd hynny, ac mae'n dal i fod hyd heddiw. Y ffilm yw *Hairspray*, am ferch sy'n ddawnswraig arbennig, un o'r goreuon yn y dref. Mae Tracy Turnblad yn hyderus ac yn hapus i ddweud ei dweud wrth ymladd dros gyfiawnder (yn benodol felly yn achos yr arwahanu hiliol yn Baltimore, lle mae hi'n byw). Ac mae hi'n bachu'r pishyn mwyaf yn y dref. Mae Tracy Turnblad yn dew.

Mae byd DayGlo yr awdur a'r cyfarwyddwr John Waters yn ei anterth yn *Hairspray*. Mae'r lliwiau'n llachar, y caneuon yn bur ac yn boplyd, y gwisgoedd yn anhygoel a'r gwalltiau wedi eu creu o wigs dirifedi. Mae'r actorion – Divine, Debbie Harry, Sonny Bono, Ruth Brown, Ricki Lake a Mink Stole – yn eiconau. Mae byd *Hairspray* yn symlach ac yn fwy swreal na bywyd go iawn, gyda rhai cymeriadau sy'n amlwg yn dda ac eraill sy'n ddigamsyniol ddrwg. Yn y byd yma, mae'r syniad na ddylai'r ferch dew, garismataidd gael bod ar y teledu a chael ei chydnabod am ei thalent yr un mor absŵrd â'r syniad na ddylai pobl Ddu gael eu gweld ar y teledu. Mae tewdra (fel hil a rhywioldeb) yn ffaith, nid yn sarhad.

Fe ges i fy swyno'n llwyr gan y ffilm, fel tase John Waters, yr awdur a'r cyfarwyddwr, yn lysfam o dylwythen deg a'm hachubodd i. Fe ddes i i sylweddoli mai rhywbeth i'w fyw a'i fwynhau oedd fy mywyd nid rhywbeth i'w ddioddef. Fe wnes i ganiatáu fy hunan i fod yn hapus fel roeddwn i, yn ferch dew oedd yn caru dawnsio ac yn gwneud safiadau dros yr hyn roeddwn i'n ei gredu, heb oedi i feddwl bod y byd o fy nghwmpas yn ddim gwahanol.

Ond wrth gwrs, mae bywyd yn fwy cymhleth na straeon tylwyth teg, ac fe fydda i'n gwylltio weithiau wrth y byd am beidio bod yn lle dwi eisiau byw ynddo. Creodd John Waters fyd delfrydol lle roedd unrhyw un oedd ar y cyrion yn gallu cael eu gweld a'u dathlu. Dywedodd yntau am y ffilm, a oedd yn fersiwn wedi ei hailddychmygu o'i blentyndod: 'Wnes i roi diweddglo hapus, ond yn y byd go iawn, wnaeth hynny ddim digwydd.' Yn y byd go iawn, doedd dawnswyr Du a gwyn ddim yn gallu dawnsio gyda'i gilydd ar *The Buddy Deane Show*.

Yn yr 1990au, doedd merched tew fel Tracy ddim yn dod yn eiconau, roedd *heroin chic* yn ei anterth. Rydw i wedi cael cyfnodau pan nad ydw i wedi teimlo'n hyderus ac wedi bod eisiau newid fy nghorff er mwyn ffitio i mewn, a dydyn ni'n sicr heb ddatrys hiliaeth. Ond beth wnaeth Waters oedd creu enfys o bont anferth i fyd lle gallai pethau fod yn wahanol. Fe allwn ni greu byd newydd. Bob dydd, fe allwn ni weithio i wneud y lle hwnnw yn realiti.

Wrth i mi dyfu lan, fe sylweddolais ei bod hi'n bwysig i mi ddechrau gwneud fy rhan er mwyn ceisio siapio'r byd, a'i wneud yn debycach i'r lle roeddwn i eisiau iddo fod.

Dechreuais dalu sylw i sut roedd pobl fel fi yn cael eu portreadu ar sgrin. Pan o'n i'n dod i oed yn y 2000au, cyfnod y *fat suit* oedd hi. Daeth Fat Monica, fersiwn 'ddrwg' y cymeriad poblogaidd ar y gyfres deledu *Friends*, yn ddyfais a gafodd ei defnyddio mewn llawer o sitcoms Americanaidd (mae *New Girl*, *Mom* a *How I Met Your Mother* yn enghreifftiau eraill, a gafodd eu gwylio gan filiynau). Roedd 'na hefyd ffilmiau cyfan oedd wedi eu saernïo'n benodol er mwyn rhoi cyfle i actorion enwog gael gwisgo *fat suit*, am hwyl. Ryan Reynolds oedd un, fel y cymeriad Chris yn *Just Friends*, yn arddegyn tew wnaeth golli'r pwysau a mwya sydyn, dod yn rhywiol i'r ferch roedd e'n ei ffansïo; y Klumps niferus gafodd eu chwarae gan Eddie Murphy yn y ffilmiau *The Nutty Professor* a'r cymeriad ofnadwy, Rosemary, yn *Shallow Hal*. I'r rhai ohonoch sydd heb weld y ffilm *Shallow Hal* (gwyn eich byd chi; mae'r ffilm yn adlewyrchu'r cyfnod sinigaidd llawn casineb at ferched y cafodd hi ei chreu), y cynsail yw fod y prif gymeriad, Hal, yn cael ei hypnoteiddio er mwyn gallu gwerthfawrogi 'harddwch mewnol' ac o'r herwydd, mae'n disgyn mewn cariad gyda menyw dew o'r enw Rosemary, sy'n cael ei chwarae gan Gwyneth Paltrow mewn *fat suit*. Mae'r ffilm yma (fel pob un dwi newydd eu crybwyll) yn cyflwyno pobl dew fel pobl anhapus, ffrîcs gyda diffyg hunanhyder; yn ddarlun *before* bythol sy'n aros am achubiaeth. Yn y golygfeydd pan nad oedd wyneb Gwyneth Paltrow i'w weld, yr actores Ivy Snitzer oedd yn chwarae rhan Rosemary, ac er mai rôl gymharol ddisylw oedd ganddi yn y ffilm, fe wynebodd gasineb oedd yn cynnwys bygythiadau i'w lladd a chael tabledi colli pwysau wedi eu hanfon ati yn y post. Gwaethygodd ei hiechyd meddwl gymaint, bu bron iddi farw o ganlyniad i lawdriniaeth i golli pwysau ac anhwylder bwyta.

Diolch byth, roedd *Hairspray* wedi rhoi'r hyder i mi ddeall nad darlun creulon oes y *fat suit* o dewdra oedd yr unig un. Ddechrau'r 2010au, roedd hi'n ymddangos fod pethau'n dechrau newid. Gwelsom Melissa McCarthy yn chwarae'r cymeriad ffyrnig Megan yn *Bridesmaids* ac er mai rôl ddoniol oedd hi, roedd hi'n bendant yn gymeriad rhywiol, hyderus oedd yn llwyddo i fachu ei dyn. Rhoddodd *Orange is the New Black* gast o fenywod diddorol, amrywiol eu maint i ni, ond roedd perfformiad pwerus Danielle Brooks fel Taystee yn sicr yn sefyll allan. Roedd hi'n teimlo fel tase pethau'n newid.

Tua'r adeg yma dechreuodd fy llwybr i ddod yn gliriach i mi. Dechreuais gynnal digwyddiadau yn y sinema yng nghanolfan Chapter yn y 2000au hwyr a chael swydd lawn-amser yno yn 2012 yn curadu digwyddiadau a thymhorau, gan ddod yn Rheolwr Rhaglen i'r sinema yn 2018. Yn y blynyddoedd diwethaf, gyda ffilmiau bellach ar gael yn ddigidol yn rhwydd, mae'r dewis o ffilmiau yn fwy eang nag erioed. Mae hyn yn golygu fod angen gofal arbennig wrth benderfynu beth yn union rydyn ni'n dewis rhoi gerbron ein cynulleidfaoedd.

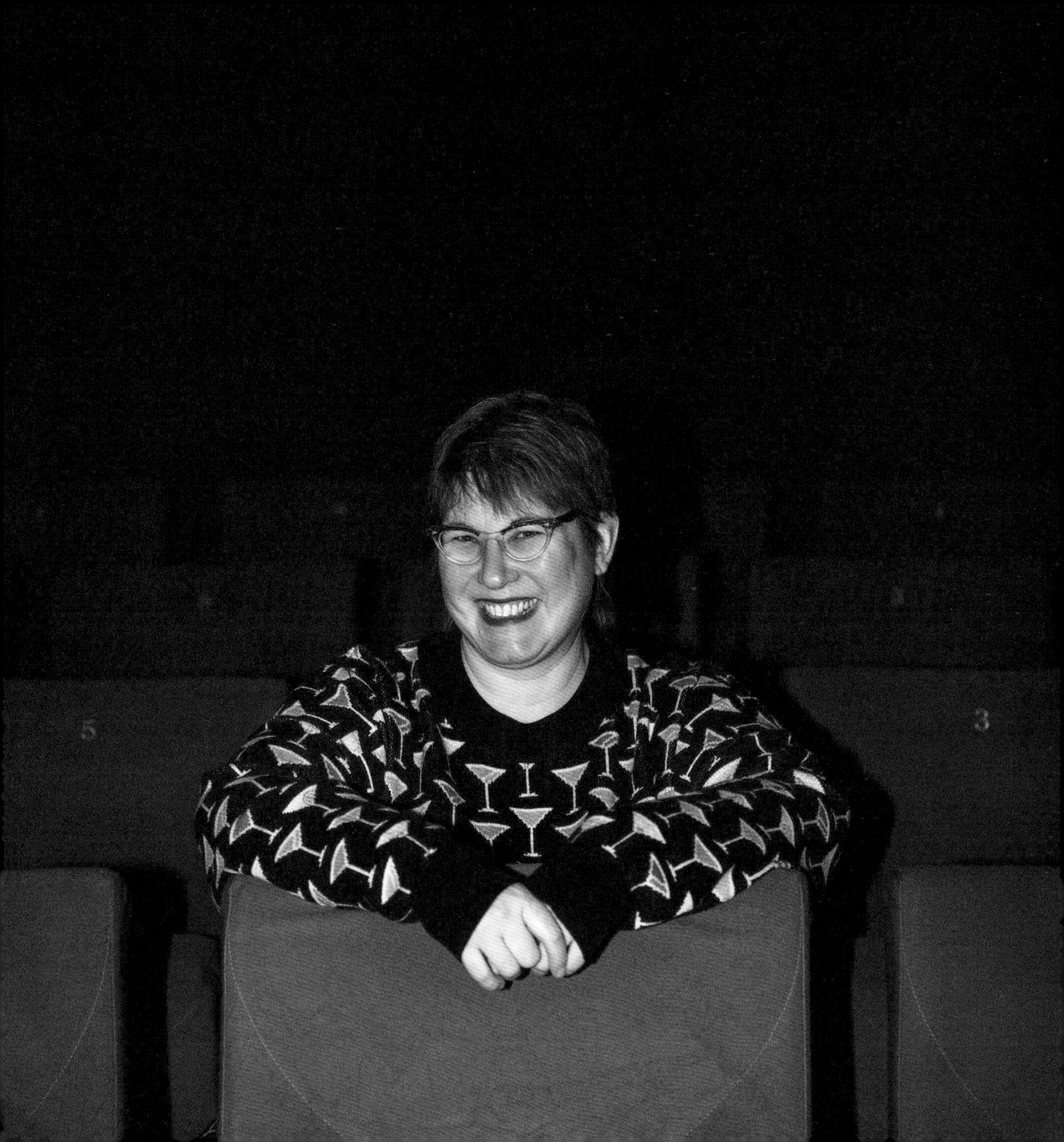
5
3

Fi sy'n cael gwneud y penderfyniadau hynny. Mae 'na ffilmiau dwi'n dewis peidio eu cefnogi, a ffilmiau dwi'n meddwl sy'n broblemus ond sy'n cael eu defnyddio fel ffordd o ddechrau sgwrs ar y pwnc dan sylw, a ffilmiau dwi'n gallu eu dathlu na fyddai, o bosib, yn cael sylw fel arall. Dwi'n cael bod yn rhan o'r diwylliant dwi'n byw ynddo.

Roedd ffilm ddogfen Jeanie Finlay *Your Fat Friend* am yr awdures Aubrey Gordon yn arbennig o bwysig i mi. Dwi wedi nabod Jeanie ers blynyddoedd. Waeth beth yw'r pwnc, mae'n dod at y bobl yn ei ffilmiau mewn ffordd garedig a gwirioneddol chwilfrydig bob amser a dwi'n gwybod fod gweithio ar y ffilm yma wedi siapio ei ffordd hi o weld y byd. Fe ges i dreulio'r noson yn cyfweld â Jeanie, Aubrey a'i mam ar y llwyfan ar ôl dangosiad o'r ffilm, ac wedi hynny, roedd rhes o bobl am dros ddwy awr yn aros i siarad â nhw a rhannu sut oedd y ffilm wedi eu cyffwrdd. Fel curadur, dwi'n cael arwain pobl dros enfys o bont John Waters a throi ei fyd e'n fyd go iawn.

Wnes i ddim croesi'r bont yna ar fy mhen fy hun. Erbyn hyn, mae llwyth o eiconau tew mewn diwylliant poblogaidd – sêr pop fel Beth Ditto a Lizzo, awduron fel Lindy West a Roxane Gay a mwy o actorion tew yn chwarae rhannau pobl dew. Dyw tewdra'r cymeriadau yma ddim yn fater chwerthin ond mae'n cael ei ddathlu, er enghraifft Da'Vine Joy Randolph, Michelle Buteau, Danielle Macdonald a Sharon Rooney (un o'r Barbies). Ry'n ni'n trafod y niwed mae'r cyfryngau yn ei wneud i ni yn barhaus, ond

---

Mae 'na ffilmiau dwi'n dewis peidio eu cefnogi, a ffilmiau dwi'n meddwl sy'n broblemus ond sy'n cael eu defnyddio fel ffordd o ddechrau sgwrs ar y pwnc dan sylw, a ffilmiau dwi'n gallu eu dathlu na fyddai, o bosib, yn cael sylw fel arall.

yn anaml yn trafod y cyfryngau sy'n ein hachub. Mae gan ffilmiau'r grym i newid y byd. Dwi'n gwybod hyn achos, newidiodd *Hairspray* fy mywyd i.

 Dilyn dy drywydd dy hun. Does dim ots beth mae pawb arall yn ei wneud. Neu fel ddwedodd John Waters yn ei gofiant *Role Models*: 'Go out in the world and fuck it up beautifully.'

Mae gan ffilmiau'r grym i newid y byd. Dwi'n gwybod hyn achos, newidiodd *Hairspray* fy mywyd i.

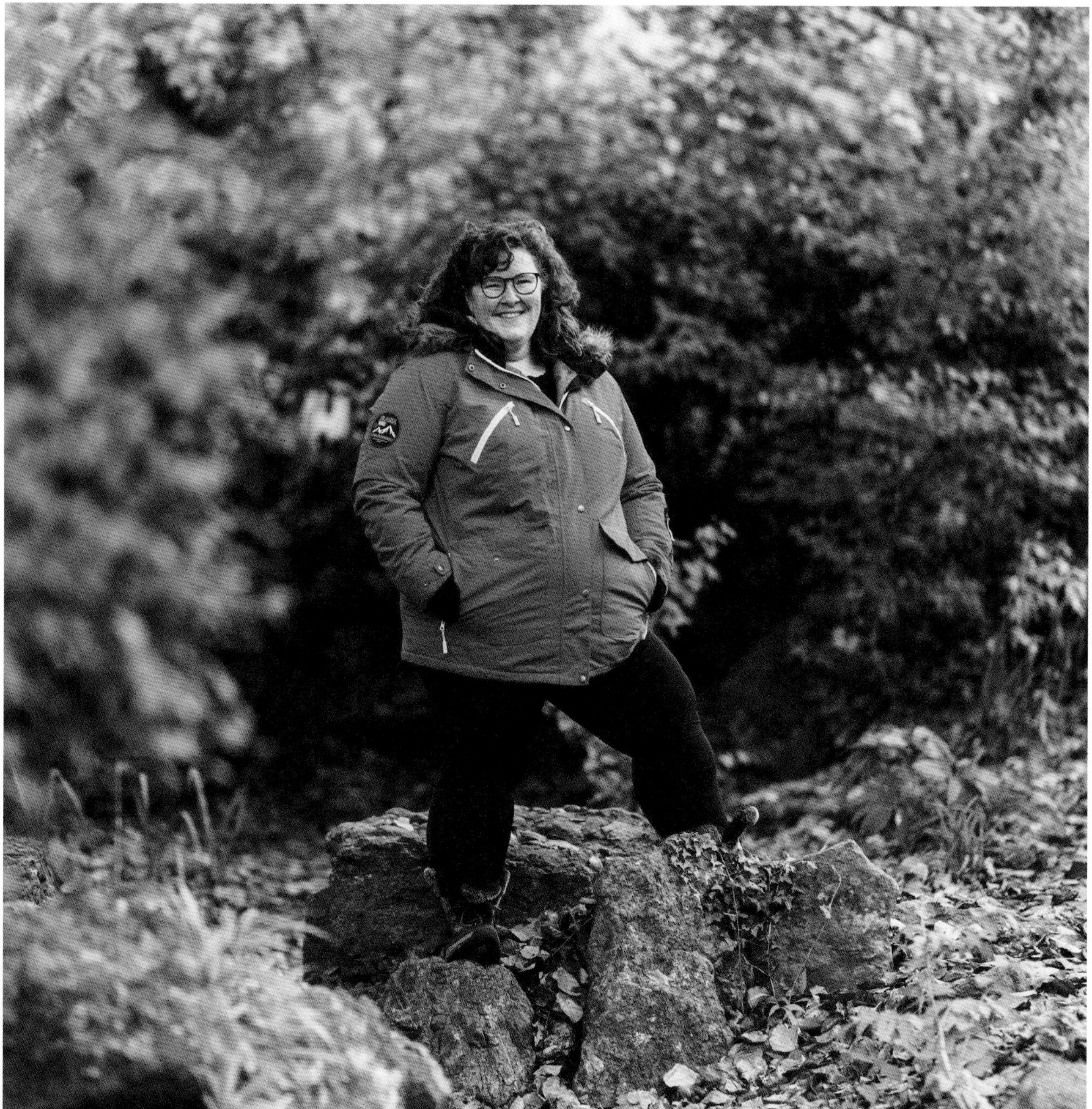

Fi yw fi

Rhian Hedd Meara

Dwi wedi bod yn ferch soled erioed – 'a fine figure of a woman' bydde Mam yn ei ddweud, wrth i fi dyfu lan.

Yn fy arddegau, ro'n i'n 5' 2" ac yn seis 14, yn potsian rownd Caerdydd yn mynd i gigs *punk rock* ac yn gwisgo *skate jeans* llac a *hoodies*. Dwi'n cofio teimlo bod y merched eraill yn denau ac yn dwt, a fi'n anferth o'i gymharu â nhw, ac felly fyddai neb yn ffansïo fi. O'n i'n gwisgo dillad *punk rock* achos 'mod i'n hoffi'r steil a'r gerddoriaeth, ond hefyd yn eu gwisgo nhw fel arf. Fy nghorff i, ar fy nhelerau fy hun. Ddim yn cystadlu â'r merched eraill. Wrth edrych 'nôl ar luniau nawr, dwi'n gallu gweld bod hyn yn nonsens llwyr! O'n i'n hollol *stonking*, ac roedd cwpl o'r bechgyn ar y sîn yn fy nilyn i o gwmpas yn ddigon hapus. Mae *hindsight* yn beth defnyddiol, yn dydy?!

Bellach, dwi'n 39, ac mae pethau wedi newid ychydig. Dwi dal yn fyr, wrth gwrs, ond wedi llwyddo i gripian lan i daldra cawraidd o 5' 3"! Mae lot wedi digwydd dros yr ugain mlynedd diwethaf. Dwi wedi cael dwy ferch fach. Wel, dwi'n dweud 'bach', roedd Ffion yn 9 pwys 5.5 owns (awtsh!) a Delyth yn 10 pwys 10 owns (*c-section*, diolch

Mae tuedd gan ddaearyddwyr, yn enwedig y menywod, i fod yn denau, yn dal, gyda gwallt hir syth. Maen nhw'n abl, yn ffit, yn heini ac yn gwisgo dillad drud gan North Face neu Rab.

byth!). Dyw e ddim yn jôc cario babis mor fawr fel person byr ac mae cyhyrau fy mola i wedi eu chwalu'n rhacs! Dwi byth yn mynd i fownsio'n ôl o hynny er gwaethaf ffisio ac ymarfer corff! Dwi lot yn fwy nag oeddwn i yn fy arddegau, a dwi wir wedi blino – mae rhianta a gweithio llawn-amser yn hollol *knackering*. Ond dwi'n ceisio cofio taw fi yw fi, a dwi'n berson diddorol, iach a charedig.

Tu hwnt i fywyd adref, dwi'n gweithio fel darlithydd Daearyddiaeth a Daeareg – dau faes â phwyslais ar fod yn yr awyr agored. Mae tuedd gan ddaearyddwyr, yn enwedig y menywod, i fod yn denau, yn dal, gyda gwallt hir syth. Maen nhw'n abl, yn ffit, yn heini ac yn gwisgo dillad drud gan North Face neu Rab. I gymharu, dwi'n fyr ac yn dew, gwallt cwrls gwyllt, yn weddol an-ffit, ac yn gwisgo pa bynnag got a throwsus gwrth-ddŵr sy'n ffitio dros fy mhen ôl a 'mola swmpus! (*Shout out* i Mountain Warehouse sydd â dillad yn mynd lan i faint 26.) Ond dwi wrth fy modd yn dysgu am ddaeareg a daearyddiaeth y byd. Dwi'n caru bod mas tu fas, yn y gwynt a'r glaw. Ac os ydych chi erioed wedi siarad â fi, neu wedi fy nghlywed i ar Radio Cymru, byddwch chi'n gwybod 'mod i wrth fy modd yn neud gwaith maes yng Ngwlad yr Iâ ac astudio llosgfynyddoedd!

'Nes i ddarganfod llosgfynyddoedd ar ôl mynd ar wyliau teuluol i Wlad yr Iâ 'nôl yn 1997 (cyn iddo fod yn lle cŵl i fynd, FYI!) ac eto ar ôl gorffen TGAU yn 2001. Ar ôl hynny, doedd dim byd mwy pwysig i fi na deall popeth am losgfynyddoedd y byd. 'Nes i radd Daeareg ym Mhrifysgol Leicester ac yna Doethuriaeth ym Mhrifysgol Caeredin gan arbenigo mewn llosgfynyddoedd Gwlad yr Iâ. Living the dream! Ond ges i amser gwael wrth wneud y PhD. Roedd wir *clash of personalities* rhyngdda i a'r boi oedd yn arsylwi'r prosiect. Rydyn ni'n gyfeillgar eto nawr, ond cafodd e ddylanwad anferth ar fy hyder. Es i mewn i batrwm o fwyta fy emosiynau a dyna wir pryd dechreuodd fy mherthynas gymhleth gyda bwyd.

Pan es i'n ôl i'r gwaith ar ôl geni Ffion yn 2017, ges i wahoddiad i gyfrannu at brosiect gyda chwmni o'r enw Time For Geography neu TFG – cwmni sy'n creu fideos addysgiadol am ddaearyddiaeth. Ro'n nhw moyn i fi fynd mas i Wlad yr Iâ gyda nhw i greu sawl fideo i esbonio platiau tectonig i fyfyrwyr Daearyddiaeth lefel TGAU. Ro'n i'n hollol desbret i fynd. Do'n i heb fod 'nôl i weithio yng Ngwlad yr Iâ ers gorffen y PhD, felly dyma gyfle i fi ailgydio mewn gwaith maes yn y wlad dwi'n ei charu, yn rhydd o gymhlethdodau emosiynol y PhD. Ond dyma fi'n mynd i banics. *FI??* Ar y sgrin yn siarad am ddaearyddiaeth? FI? *Chunk* fel fi? Ro'n i wedi gwylio rhai o fidoes eraill TFG. Roedd y ffilmio'n grêt a'r esboniadau'n wych, ond *shocker*, roedd pawb arall yn dal ac yn denau ac yn gwisgo dillad Rab (nhw yw un o noddwyr TFG, ac mae'r cyflwynwyr yn gwisgo eu dillad yn y fideos). A dyna fi. Bues i bron â thynnu mas, gan feddwl nad oedd e'n deg i fi roi fy hun yn y sefyllfa. Ddim yn deg taw fi fyddai'r unig gyflwynydd tew. Gadael y tîm lawr, fel bydde pobl yn dweud.

Ond ar ôl tawelu rhywfaint, ges i sgwrs ddwys gyda fi fy hun. Pam DDIM fi?? Dwi'n llythrennol yn arbenigwraig ar Wlad yr Iâ! Ac ar losgfynyddoedd! Dwi wedi bod ar y cyfryngau yn siarad am agweddau gwahanol o ddaearyddiaeth ers 2010. Dwi wedi hyfforddi a gweithio fel cyfathrebydd gwyddoniaeth proffesiynol ers dros ddegawd. Pam ddim fi? Achos fy nghorff i? Achos 'mod i'n dew? Duw bach, *get a grip*. Efallai mai agweddau iechyd meddwl ôl-geni oedd yn fy nal i'n ôl, neu ysbrydion y PhD, ond doeddwn i jyst ddim yn teimlo'n ddigon da. Ddim yn teimlo'n ddigon tenau. Ddim yn teimlo'n ddigon *representative*. A dyna pryd 'nath e fwrw fi. Representative. Yn union! Representation. Role models. Mae'n siŵr nad fi yw'r UNIG ddaearegydd tew yn y byd? Beth os oes pobl ifanc sydd moyn astudio Daearyddiaeth yn y brifysgol ond sydd ddim yn gweld unrhyw un yno sy'n edrych fel nhw? Beth os maen nhw'n penderfynu peidio neud cais, achos bod dim lle iddyn nhw astudio heb newid sut maen nhw'n edrych? Beth os mai gweld rhywun fel fi ar y sgrin fyddai'r un peth allai ddangos bod lle iddyn nhw yn y maes wedi'r cyfan?! Felly bant â fi. Ges i amser gwych! 'Nes i griw o ffrindiau newydd ac enillodd y fideos wobrau.

Dwi wedi neud sawl prosiect gyda TFG ers hynny. Mae'r tîm yno'n ardderchog ac mor gefnogol. Yn haf 2024 daethon nhw ata i â syniad. Roedd arian gyda nhw i neud cyfres o fideos, eto yng Ngwlad yr Iâ, ac roedden nhw am i'r ffocws fod ar destun fy ymchwil i, sef echdoriad y llosgfynydd Eldfell yn 1973. Fi fydde'n sgwennu'r sgriptiau, yn ffeindio lleoliadau ffilmio ac yn gwneud rhan fawr o'r gwaith cyflwyno. Amazing! Ond eto, dyma'r sibrwd yna yng nghefn fy mhen yn dychwelyd. Ar ôl geni Delyth, ar ôl y cyfnod clo, ar ôl gweithio llawn-amser gyda mwy a mwy o gyfrifoldebau yn y brifysgol... Wel, mae'n deg i ddweud bydden i wrth fy modd, tasen i ond mor dew ag o'n i'n ôl yn 2017... A dyma'r sibrwd yn gofyn unwaith eto, pam fi? Yn edrych fel hyn? No way! Ro'n i ond jyst yn ffitio'r dillad Rab tro diwethaf, a duw a ŵyr shwt bydde fe tro 'ma!?

Ond wrth gwrs, er gwaethaf pob sylw *snidey* sy'n dod o fy mhen fy hun, dydw i byth yn mynd i wrthod y cyfle i fynd i Wlad yr Iâ am ddim, nac ydw?! Eto, gawson ni amser gwych! 'Dan ni'n ffrindiau mawr bellach ar ôl gweithio gyda'n gilydd ers sawl blwyddyn, a beth sy'n well na bod yn dy hoff le, yn neud y gwaith ti'n caru, gyda ffrindiau da?

Ar un pwynt yn ystod y ffilmio, dyma fi'n jocian y galle'r tîm golygu ddefnyddio technoleg AI i neud i fi edrych yn deneuach. A chwarae teg i'r boi, edrychodd e arna i'n hollol seriws a dweud, 'Wel... ie... gallen ni neud hynny, ond pam fydden ni? Ti yw ti, mêt, a ti'n *awesome*. Dyw dy gorff di ddim yn neud taten o wahaniaeth pa mor dda wyt ti am astudio neu ddysgu Daearyddiaeth, na pha mor dda wyt ti am gyflwyno, nag yw e?'. *Mind* hollol *blown*. Ro'n i'n gwybod hynna i gyd, wrth gwrs. Ond weithiau mae jyst angen clywed rhywun arall, yn hollol *genuine*, yn dweud bod ti'n hollol iawn

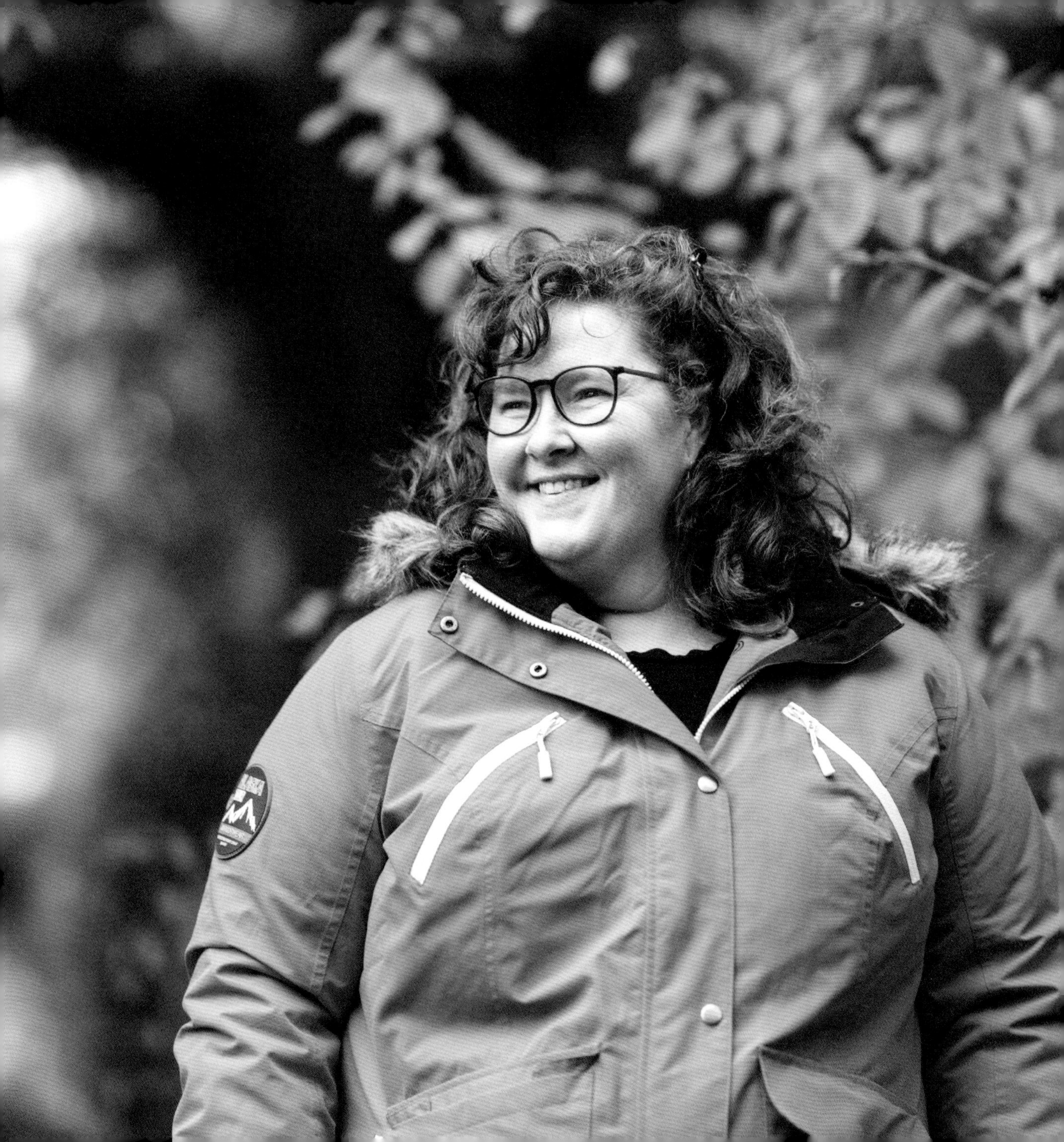

fel wyt ti. Ac roedd e'n hollol iawn. Fydde neb arall wedi gallu neud y fideos yna cystal â fi, fy ngwaith ymchwil i oedd y sail, fy lleoliad maes i, fy nghysylltiad i â'r bobl leol. Doedd dim taten o ots sut o'n i'n edrych.

Dyw fy nghorff i ddim yn fy nal i'n ôl o ddydd i ddydd yn y gwaith. Dwi'n nerfus, wrth gwrs, wrth sefyll o flaen dosbarth mawr o fyfyrwyr ar ddechrau bob blwyddyn academaidd newydd, yn poeni am beth maen nhw'n feddwl ohona i. Ond dwi wrth fy modd yn dysgu ac wrth berfformio drwy ddarlith dwi'n anghofio am deimlo'n anghyfforddus yn ddigon clou. Wrth gwrs, weithiau dwi'n gweld gwaith maes yn anodd. Mae'r dynion dwi'n gweithio gyda nhw i gyd yn cerdded ar gyflymdra o tua 100 milltir yr awr. Dwi'n siŵr bod ambell un yn hanner dyn, hanner gafr weithiau! Ond dwi wedi dysgu bod dim brys. Sgìl mwyaf pwysig daearegydd yw arsylwi. A'r arafa chi'n mynd, y mwya chi'n ei weld ac felly, y mwya chi'n ei ddeall. Os dwi ar daith maes gyda staff sy'n cerdded yn glou, dwi'n lleoli fy hun yng nghefn y grŵp, gan sicrhau bod neb yn cael ei adael ar ôl. Dwi'n siarad â'r myfyrwyr yn y cefn, yn dod i'w nabod, yn trafod y gwaith a sicrhau eu bod nhw wedi deall popeth. A bod yn onest, mae'r myfyrwyr yma'n cael mwy o sylw un i un na'r myfyrwyr cyflym!

> **... weithiau mae jyst angen clywed rhywun arall, yn hollol *genuine*, yn dweud bod ti'n hollol iawn fel wyt ti.**

Nawr, pan dwi'n trefnu teithiau maes, dwi'n eu trefnu mewn ffordd sy'n neud y daith yn fwy hygyrch i bawb. Go at the pace of your *slowest player*. A fi yw'r *slowest player*. Mae fel arfer ychydig o gerdded wrth gwrs, ond ddim yn bell, a digon o gyfle i stopio i edrych ar bethau wrth gymryd anadl. Mae hyn yn golygu bod mwy o gyfle i siarad, i arsylwi, i ddod i nabod pawb yn y grŵp. Dwi wrthi ar hyn o bryd yn trefnu taith is-radd i Wlad yr Iâ (wrth gwrs!). Dwi'n trefnu'r daith maes i bobl fel fi, i unrhyw un sy'n araf ac angen saib neu eistedd, neu fynd i'r tŷ bach yn aml. Does dim angen bod yn *hard core*. Mae modd trefnu gwaith maes i fod yn hygyrch ac yn gynhwysol. 'Nawn ni gymryd ein hamser, ac os oes chwant ar rai i ddringo i dop y llosgfynydd, fe gawn nhw neud hynny. Ond fydd neb yn cael ei wthio i neud chwaith. Mae digon i'w weld, a neud, ac arsylwi ar y tir isel.

Dwi'n cofio mynd i ddarlith ar sut i ddatblygu gwaith maes hygyrch yn y Geological Society yn Llundain rhyw bymtheg mlynedd yn ôl. Roedd y cyflwynydd yn trefnu teithiau maes mewn ogofâu i bobl oedd yn defnyddio cadeiriau olwyn. Dwi'n cofio fe'n dweud, 'Beth yw pwrpas gwaith maes? Gweld yr esiampl orau fyth er gwaetha'r frwydr i'w chyrraedd, neu i weld rhywbeth sy'n ddigon da, mewn amgylchedd ddiogel lle gall myfyrwyr gyrraedd eu potensial llawn?' Mae hyn wedi sticio gyda fi erioed.

Felly ie, dwi ddim yn berffaith. Dwi ddim yn *beacon of self-confidence*. A bod yn onest, dwi'n aml yn cachu brics. Bob tro dwi'n mynd ar awyren dwi'n becso bydd fy nhin neu fy mola ddim yn ffitio yn y sêt. Dwi'n poeni taw fi yw'r person mwyaf araf. Dwi'n poeni 'mod i ddim yn ffitio'r ddelwedd. Ond y peth pwysig yw, pwy sy'n poeni? Efallai bydd fy nghorff yn newid eto gydag amser. Pan fydd y plant yn hŷn, efallai bydd mwy o gyfle i neud ymarfer corff, i fwyta llai o bitsa a bisgedi oherwydd stres. Ond eto, efallai ddim. Dwi'n solet, dwi'n hapus, dwi'n iach, a dwi'n *role model* i'r plant, ac i'r myfyrwyr. Mae lle i fi ym myd daeareg a daearyddiaeth, ac mae lle i chi yma hefyd.

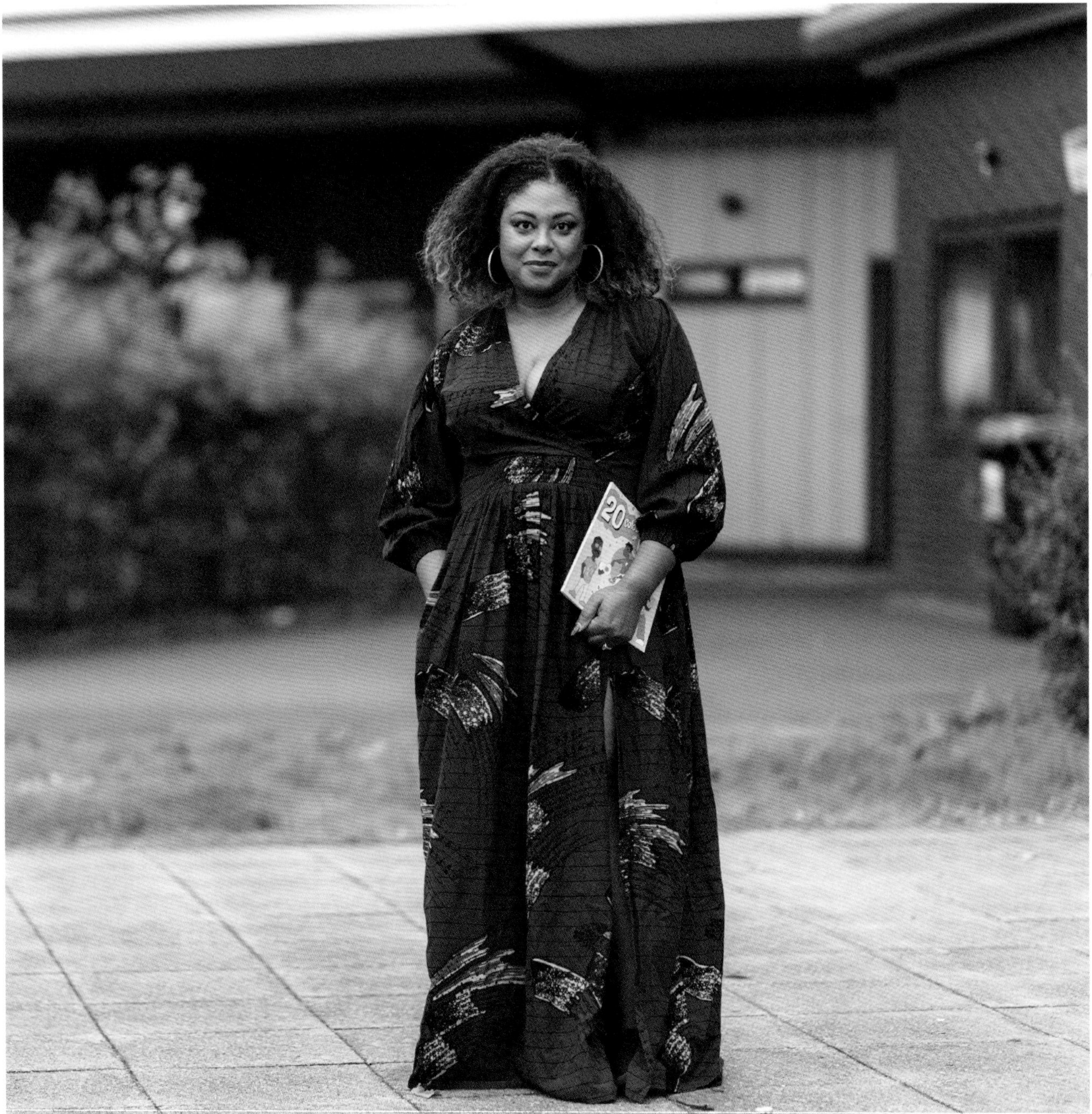

Y daith at fodlonrwydd

Natalie Jones

Rwy'n cofio'n glir bod yn fy arddegau a sefyll o flaen y drych, yn archwilio pob modfedd o'm corff. Wrth bori drwy'r *Beverley Hills 90210 Annual* yn y 1990au cynnar, gwelwn fod y menywod i gyd yn pwyso rhwng 7 ac 8 stôn – roeddwn i'n 9 stôn ac yn poeni'n syth fy mod i'n enfawr! Roeddwn yn faint 8–10 ar y pryd, ond rywsut, nid oedd hynny'n bwysig. Yn fy meddwl i, roeddwn yn dew. Er fy mod i'r maint y byddai'r rhan fwyaf o bobl yn ei ystyried yn iach, roeddwn wedi darbwyllo fy hun fod rhywbeth o'i le ar fy nghorff. Gwnaeth y cyfryngau a'r pwysau cymdeithasol i mi gredu mai'r unig gorff derbyniol oedd corff tenau ac esgyrnog, a bod unrhyw beth arall yn fethiant. Wrth gwrs, wrth gymharu fy hun â'r merched hynny, doeddwn i ddim yn gwybod bod rhai ohonynt yn dioddef o anhwylderau bwyta. Doeddwn i ddim yn gwybod chwaith fod rhai'n ysmygu ac yn defnyddio cocên i gadw eu pwysau'n isel. Efallai fyddwn i ddim wedi bod mor obsesiynol pe bawn i wedi deall yr eithafion roedd merched enwog yn mynd iddynt ar y pryd.

    Parhaodd y canfyddiad afiach hwn o fy nghorff i mewn i fy ugeiniau cynnar.

Roeddwn i eisiau ffitio i mewn i'r ddelwedd ddelfrydol, yr un oedd yn cael ei hadlewyrchu gan siartiau Mynegai Màs y Corff (BMI) ac a gafodd ei hatgyfnerthu gan y cylchgronau a'r diwylliant pop. Felly, dechreuais fynd ar ddeiet llymach, ymarfer corff yn afreolus, a thalu sylw i bob calori. Roedd yr hyn a ddechreuodd fel ymgais syml i 'fod yn iachach' wedi troi'n anhwylder bwyta. Dechreuais gyfateb fy hunan-werth â pha mor ychydig allwn i fwyta, pa mor denau allwn i fod, a pha mor agos allwn i gyrraedd at y BMI 'perffaith' hwnnw. A phan sylwodd pobl fy mod wedi colli pwysau, ges i deimlad o gyflawniad a balchder – am ychydig. Eto, waeth faint o bwysau a gollwn i, nid oedd byth yn ddigon. Wnaeth hynny fyth lenwi'r bwlch o hunan-dderbyniad roeddwn yn chwilio amdano mewn gwirionedd. Dydw i ddim yn meddwl bod unrhyw un wedi poeni amdana i. Yn sicr, doeddwn i ddim. Wedi'r cyfan, roedd fy BMI yn dal o fewn y terfynau 'derbyniol'. Dim ots pa mor galed wnawn i gosbi fy hun, wnes i byth syrthio o dan y 'terfyn diogel', felly doedd dim angen poeni.

Wrth i mi symud ymlaen i'm tridegau, tarodd bywyd fi'n galed gyda chyfres o heriau personol nad oeddwn wedi gallu paratoi ar eu cyfer. Llusgodd iselder i mewn yn araf ond sicr, gan effeithio ar bob agwedd o fy mywyd. Dechreuais hefyd brofi cyflyrau corfforol, gan ddechrau gyda llawdriniaethau ar fy nhraed. Roedd hynny ynddo'i hun yn anodd delio ag e, gan ei fod yn cyfyngu ar fy ngallu i symud ac yn ychwanegu at y syniad bod fy nghorff yn fy siomi.

Ond yr ergyd fwyaf oedd cael diagnosis o ganser y fron yn 42 oed. Newidiodd y geiriau 'canser y fron' bopeth. Yn sydyn, roedd y brwydrau gyda delwedd corff a

---

Newidiodd y geiriau 'canser y fron' bopeth. Yn sydyn, roedd y brwydrau gyda delwedd corff a phwysau yn ymddangos yn ddibwys.

---

phwysau yn ymddangos yn ddibwys. Cymerodd y broses o driniaeth ac adferiad doll drwm ar fy iechyd corfforol a meddyliol. Cefais fy llethu gan deimladau o annigonolrwydd, ond y tro hwn nid oedd yn ymwneud â fy maint; roedd yn ymwneud â theimlo'n ddi-rym yn erbyn fy nghorff fy hun, a oedd wedi fy mradychu.

Gyda'r triniaethau canser a cholli symudedd oherwydd llawdriniaethau ar fy nhraed, daeth cynnydd sylweddol mewn pwysau – pedair stôn dros tair blynedd. Daeth y cynnydd hwn â lefel newydd o frwydr emosiynol. Roeddwn yn teimlo cywilydd o sut roeddwn i'n edrych. Allwn i ddim cysylltu'r person yn y drych â'r person roeddwn yn credu y dylwn i fod. Roedd y corff roeddwn i wedi treulio blynyddoedd yn ceisio ei reoli bellach o fy ngafael yn llwyr, ac roeddwn yn troi at fwyd am gysur, er fy mod yn gwybod y byddai hynny'n dyfnhau'r broblem.

Un o rannau anoddaf yr holl daith hon yw'r stigma sy'n amgylchynu gordewdra. Pan fyddwch yn cario pwysau ychwanegol, mae'n teimlo fel bod y byd yn eich barnu'n barhaus. Mae'n ymddangos bod rhagdybiaeth helaeth – os ydych yn ordew, rhaid eich bod yn ddiog. Fel na allai pobl ddychmygu bod yna resymau iechyd sylfaenol neu frwydrau emosiynol y tu ôl i'r pwysau. Bob tro y cerddwn i mewn i ystafell, roeddwn i'n pendroni os oedd pobl yn barnu fy nghorff yn dawel bach, yn fy labelu ar sail fy ymddangosiad yn unig.

Dim ond ychwanegu at yr hunan-siarad negyddol a oedd eisoes wedi gwreiddio yn fy meddwl flynyddoedd cyn hynny wnaeth yr ymdeimlad hwnnw o farnu. Roedd derbyn beirniadaeth gyson a thriniaeth annheg yn fy swydd, ac yna faterion o fewn fy nheulu estynedig, yn gwaethygu teimladau tywyll. Daeth teimladau o gywilydd ac annigonolrwydd yn gwmni cyson. Er gwaethaf hyn, roeddwn yn dal i droi at fwyd am gysur, gan greu cylch dieflig o fwyta emosiynol, cynnydd yn fy mhwysau, a chasineb at fy hun.

Roedd y pwysau o deimlo bod rhaid i mi 'brofi' nad oeddwn yn ddiog, neu fy mod yn werth mwy na maint fy nghorff, yn llethol. Cefais fy hun yn sensitif iawn i sylwadau am bwysau neu ymddangosiad, gan fewnoli hyd yn oed yr edrychiad lleiaf neu sylw.

Tua'r adeg hon, cefais ddiagnosis arall: clefyd y siwgr. Roedd hyn yn teimlo fel trobwynt, yn arwydd clir gan fy nghorff bod angen i mi wneud newidiadau difrifol. Ond ynghyd â'r diagnosis diabetes, daeth problem iechyd arall, *hernia hiatus*. Roedd yn teimlo fel petai fy nghorff yn llwytho heriau newydd arnaf yn gyflymach nag y gallwn ymdopi â nhw.

Roedd y diagnosis diabetes yn arbennig o ddinistriol. Nid yn unig oherwydd ofn y clefyd ei hun, ond yr ymdeimlad llethol bod fy nghorff wedi fy ngadael i lawr. Doeddwn i erioed wedi ystyried fy hun yn rhywun oedd â dant melys. Rwy'n hoffi bwyta, ydw, ond roeddwn i'n meddwl fy mod yn bwyta'n ddigon iach i osgoi'r broblem benodol hon. Wrth gwrs, roeddwn i'n gwybod bod pobl o dras Garibïaidd yn fwy tebygol o ddatblygu diabetes, ond mae'n debyg bod pawb yn meddwl eu bod yn imíwn i bethau nad ydyn nhw eisiau meddwl amdanyn nhw. Rwy'n credu bod fy nghorff yn debygol o gael ymwrthedd inswlin, sy'n gwneud colli pwysau yn anoddach. Mae ymwrthedd inswlin yn atal y corff rhag defnyddio glwcos yn effeithiol, gan arwain at fwy o storio braster a chynyddu'r risg o ddatblygu diabetes.

Oedd hyn yn ganlyniad i flynyddoedd o fynd ar ddeiet, triniaethau canser y fron, neu fagu pwysau? Beth bynnag oedd y rheswm, roedd yn fy ngadael i'n teimlo'n rhwystredig.

Styfnigrwydd arweiniodd fi i roi cynnig ar bigiadau Mounjaro (un o'r grŵp o feddyginiaethau 'GLP-1 agonists', sef cyffuriau sy'n gweithio drwy efelychu'r hormonau naturiol sy'n helpu i reoli chwant am fwyd ac ymateb inswlin). Roedd y ffaith bod y feddyginiaeth wedi'i dylunio i helpu i reoli pwysau a lefelau siwgr yn y gwaed mewn pobl

Teimlai Mounjaro fel fy ngobaith olaf, yr help llaw olaf y gallwn droi ato i adennill rhywfaint o reolaeth dros fy iechyd a'm corff.

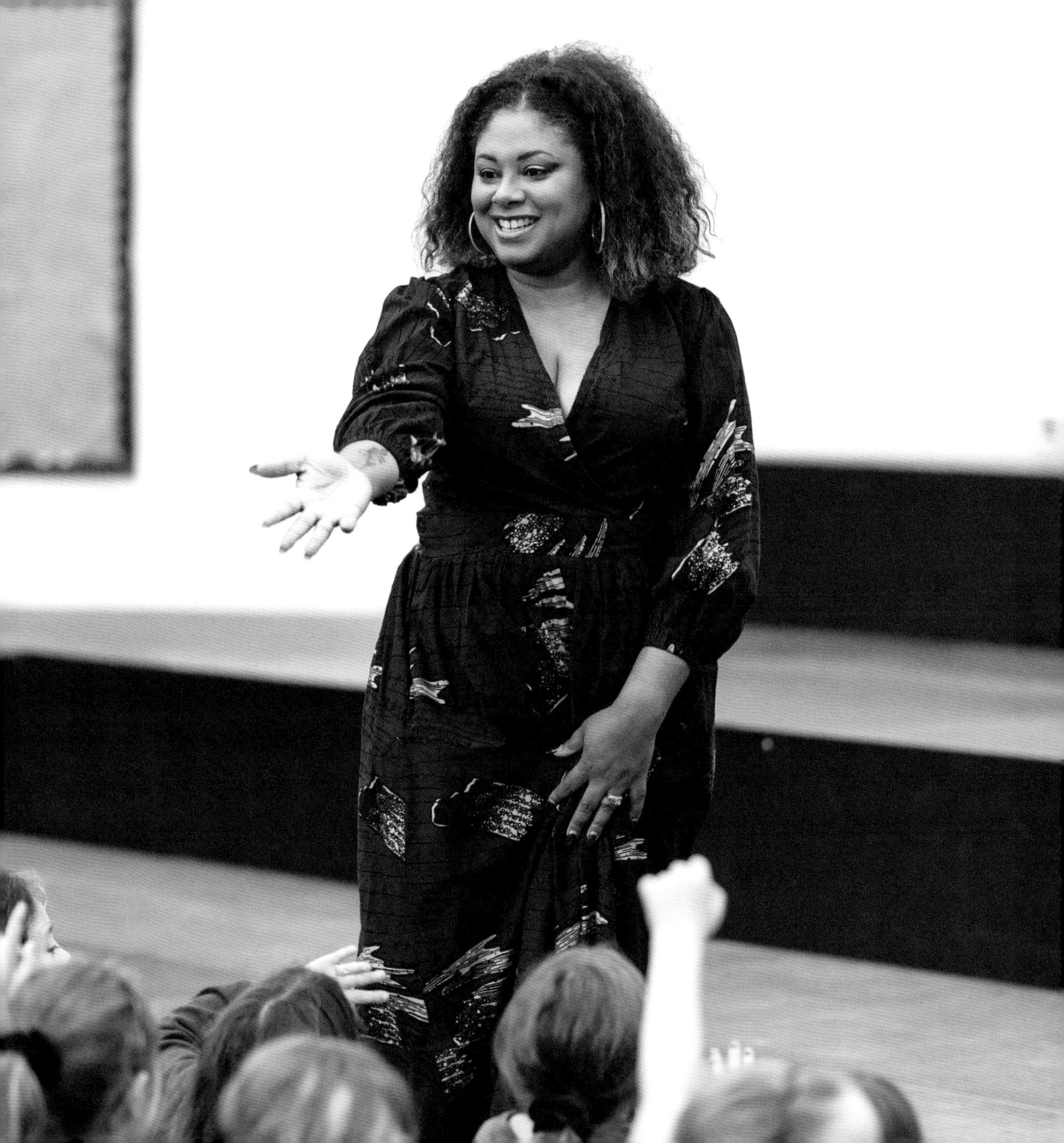

gyda diabetes Math 2 yn apelio ata i. Mae llawer o enwogion yn colli pwysau trwy ddefnyddio cyffur tebyg o'r enw Ozempic, enw sy'n gyfarwydd ac yn ddadleuol erbyn hyn oherwydd y wasg. Teimlai Mounjaro fel fy ngobaith olaf, yr help llaw olaf y gallwn droi ato i adennill rhywfaint o reolaeth dros fy iechyd a'm corff. Nid oedd y penderfyniad yn un hawdd, ond y cyfuniad o ddiabetes a'r doll emosiynol o'm pwysau wnaeth fy ngadael gydag ychydig o opsiynau.

Roedd meddwl am wneud rhywbeth radical yn hanfodol er mwyn sicrhau fy iechyd yn y dyfodol. Roeddwn yn gwybod bod angen gwneud newidiadau sylweddol, nid yn unig er mwyn colli pwysau, ond i osgoi'r risg o ddatblygiad y diabetes a'r cymhlethdodau sy'n gysylltiedig â hynny. Roedd yr ofn o weld fy nghorff yn parhau i ddirywio ac effaith hyn ar fy iechyd meddwl yn rhy galed i'w ddioddef. Wrth gwrs, nid oedd y gefnogaeth iechyd ar gael trwy'r GIG, a'r costau meddygol o dros £140 y mis yn ymrwymiad mawr. Roedd angen i mi fod yn egnïol ar gyfer fy ngwaith gydag S4C, Cyngor Hil Cymru ac mewn ysgolion, ac roeddwn yn teimlo'r pwysau hwn arnaf fy hun.

Er fy mod i wedi colli stôn dros y chwe wythnos gyntaf, mae'r driniaeth wedi gwaethygu'r boen yn fy stumog, problemau yn y coluddyn a'r oesoffagws. Mae'n bosib na fyddaf yn gallu ei oddef yn y tymor hir. Gobeithio y bydd endosgopi dwi wedi'i gael yn ddiweddar yn rhoi atebion. Yn y cyfamser, mae angen i mi ddysgu bod yn gyfforddus gyda fy hun, yn union fel yr wyf.

Wrth edrych ymlaen, fy ngobaith mwyaf yw cadw'r diabetes dan reolaeth. Mae rheoli fy lefelau siwgr yn y gwaed ac amddiffyn fy hun rhag effeithiau tymor hir diabetes wedi dod yn flaenoriaeth.

Ond y tu hwnt i agweddau meddygol y daith hon, rwy'n breuddwydio am ddiwrnod pan allaf deimlo'n gyfforddus yn fy nghorff fy hun eto. Rwy'n hiraethu am y pethau syml, fel gallu plygu i lawr a gwisgo fy esgidiau fy hun heb deimlo poen neu anghysur. Mae'r tasgau beunyddiol hyn, y byddwn wedi eu cymryd yn ganiataol yn y gorffennol, wedi dod yn nodau yr wyf bellach yn gweithio tuag atynt.

Mae gweithio gyda phlant yn hynod bwysig i mi. Rwy'n credu'n gryf bod addysgu plant a chael sgyrsiau agored gyda nhw yn ffordd dda o atal hiliaeth. Pan fyddaf yn ymweld ag ysgolion, rwy'n gobeithio y gallaf fod yn rhan o'r daith yn erbyn hiliaeth sydd wedi cael ei chefnogi gan Lywodraeth Cymru. Drwy ddarparu gwybodaeth a chreu amgylchedd lle mae plant yn gallu holi, dysgu a thrafod, y gobaith yw y byddant yn tyfu i fod yn unigolion sy'n ymwybodol o'u cyfrifoldebau, a fydd yn gweithio i greu cymdeithas fwy cynhwysol ac i fod yn aelodau o gymuned sy'n gwrthwynebu hiliaeth mewn unrhyw ffurf. Mae'r hwyl a'r cariad rwy'n ei gael gan blant yn fy ysbrydoli bob amser.

Yn fwy na dim, rwy'n gobeithio cyrraedd lle o heddwch gyda fy nghorff. Rwy'n gwybod efallai na fydd fy nghorff byth yn edrych fel yr un oedd gen i pan oeddwn yn iau, ac mae hynny'n iawn. Yr hyn rwyf wir eisiau yw teimlo'n gryf, yn iach ac yn abl. Rwy'n awyddus i roi'r gorau i'r rhyfel gyda fy hun ac yn lle hynny, dysgu derbyn a meithrin y corff sydd wedi fy nghario drwy gymaint o heriau. Rwy'n dysgu nad oes rhaid i gynnydd fod yn berffaith, a bod buddugoliaethau bach yr un mor bwysig â'r rhai mawr. Rwyf wedi dysgu bod hunan-gydymdeimlad yr un mor bwysig ag unrhyw gynllun deiet neu ymarfer corff. Am gymaint o amser, fi oedd barnwr mwyaf llym fy hun, ond nawr rwy'n ceisio bod y cyfaill mwyaf.

Yn y pen draw, rwy'n gwybod bod hon yn daith gydol oes. Bydd fy mherthynas gyda fy nghorff a'm hiechyd yn parhau i esblygu, ac fe fydd yna *ups and downs* ar hyd y ffordd. Ond rwy'n teimlo'n fwy parod nag erioed i wynebu'r heriau hynny.

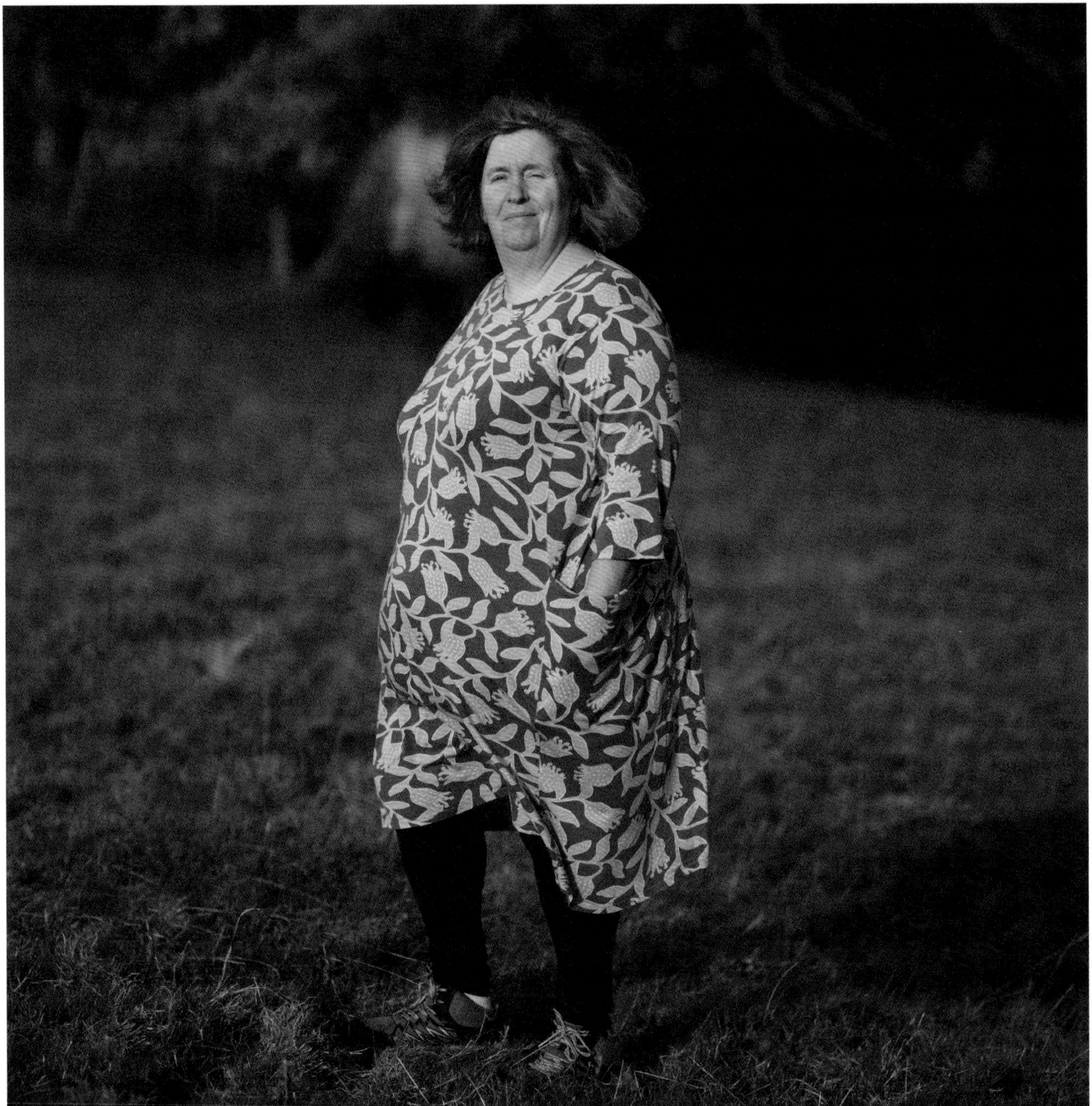

Hapus yn fy nghroen

Myfanwy Alexander

Ro'n i'n bwriadu dechrau'r darn yma efo datganiad i ddweud 'mod i erioed wedi bod yn denau, wedyn oedais – nid yw hynny'n hollol wir. Fel ei wythfed babi, nid oedd fy mam yn disgwyl llawer o ffwdan pan o'n i ar y ffordd. Fel arfer, byddai'n picio i fyny'r grisiau, aros am y fydwraig a dod i lawr cwpl o oriau yn ddiweddarach i gyflwyno'r aelod newydd i'r teulu ac i oruchwylio'r plant hŷn yn paratoi'r swper. Ond efo fi, nid oedd pob dim yn rhwydd, felly roedd rhaid iddi fynd i'r ysbyty a dyma fi'n cyrraedd, yn llipryn bach melyn, tenau fel cortyn, yn mynd yn syth i'r Uned Gofal Dwys. Yn y cyfnod hynny, nid oedd rhieni'n cael mynd i mewn i'r Uned, felly roedd rhaid i Dad ddwyn côt wen o gwpwrdd a smalio bod yn feddyg i fynd i weld ei ferch newydd. Llwyddodd i gael mynediad i'r Uned, ond roedd y staff yn dechrau mynd yn amheus pan ganolbwyntiodd ar un babi'n unig ac anwybyddu'r gweddill. Ac roedd eu pryderon wedi'u cadarnhau pan dynnodd y meddyg newydd becyn o Polos o'i boced i roi mintys wrth fy ngwefusau, i mi gael ei lyfu. Dim arfer da i bediatrydd yw rhoi fferins i fabi newydd-anedig, ond efo'r Polo yna dechreuodd fy mherthynas agos efo bwyd ac efo fy nhad.

Maes y gad oedd amser bwyd yn ein teulu ni. Roedd fy mam yn gogyddes wych ond oherwydd ei chefndir bonedd, nid oedd hi'n gyson nac yn drefnus. Rŵan dwi'n deall mwy am yr heriau roedd hi'n eu hwynebu, ond eto, weithiau, byddai'n mynd allan heb feddwl am baratoi swper i ni. Roedd wastad rhywbeth yn y rhewgell: hi oedd y ddynes gyntaf i weld y manteision a phrynodd hi hen declyn hufen iâ pan gaeodd siop leol. Rhyngon ni, roedden ni wastad yn gallu dod o hyd i bryd o fwyd o ryw fath, ac os methodd bob dim, roedd un o ffrindiau fy mrawd Rupert yn fab i siop tsips.

O gefndiroedd hollol wahanol, roedd Mam a Dad felly wedi cyfrannu traddodiadau hollol wahanol i'r teulu: os mai creu cwstard oedd y bwriad, byddai Dad yn ymestyn am dun Birds tra oedd Mam yn chwilio am hufen ffres a choden fanila. A finne? Fel y cyw bach melyn olaf, ges i'r fraint o fod adre ar fy mhen fy hun efo Mam, ac yn ystod y dydd, roedden ni'n cael danteithion drud fyddai byth yn fforddiadwy i'r teulu cyfan, yn enwedig prydau pecyn Vesta. Cam ymlaen o'r pecynnau Vesta oedd cacen sbwng. Eto, roedd Mam yn defnyddio ei thactegau 'paid ag ymyrryd' achos ro'n i'n torri rheolau pobi wrth doddi'r marjarîn ac yn defnyddio hanner potel o *cochineal*, ond pa bynnag mor anuniongred oedd fy null o goginio, roedd wastad croeso mawr i'r cacennau pinc. A dyna oedd fy mhrofiad cyntaf o'r pleser sydd i'w gael os dech chi'n rhannu bwyd efo'r bobl chi'n eu caru.

I fam oedd yn ddynes fain, jyst o dan chwe throedfedd ac wedi'i hyfforddi fel model, trychineb oedd merch dros ei phwysau ac roedd hi'n bendant fod rhaid i rywbeth newid.

Gan fwyta'n union beth oedd aelodau eraill y teulu'n ei fwyta, mi dyfais i'n grwn wrth iddyn nhw barhau'n fain ac yn dal ar y cyfan. Efallai ei bod hi'n bosib rhagweld y byddai merch oedd wastad efo llwy bren mewn un llaw a llyfr yn y llaw arall yn debygol o fod yn llond ei chroen, ond roedd Dad hefyd yn ddyn solet, a ddim yn dal. I fam oedd yn ddynes fain, jyst o dan chwe throedfedd ac wedi'i hyfforddi fel model, trychineb oedd merch dros ei phwysau ac roedd hi'n bendant fod rhaid i rywbeth newid. A dyna fi'n wyth oed yn dechrau ar fy neiet cyntaf. Dwi ddim yn cofio llawer am y deiet ond dwi'n cofio Mam yn cynnig ei ddilyn efo fi ac ro'n i'n teimlo'n braf am hyn. Ond daeth siom enfawr ar ôl rhai misoedd, a finne'n dal yn grwn. Wedyn, disgynnodd storm o drallodion droson ni, gan gynnwys marwolaeth un o'm chwiorydd mewn damwain, a thân a chwalodd ein cartref, ac nid oedd maint fy jîns yn ffactor pwysig i neb am gyfnod.

Ro'n i'n ddigon ffodus i dreulio fy nglasoed, sy wastad yn gyfnod heriol, yng nghefn gwlad Cymru, ymhlith pobl ymarferol iawn. Roedd fy mam yn dal i boeni 'mod i'n rhy dew i dynnu sylw dynion cyfoethog, ond fel lodes oedd yn gweithio ar fferm fel jobyn penwythnos, roedd cryfder fy mreichiau yn bwysicach na pha mor denau oedd fy ngwast. (Spoiler alert. Nid oedd o'n denau o gwbl.) Wedyn, ro'n i'n dechrau derbyn gwahoddiadau i 'fynd fyny'r cae' efo'r cogiau ysgol amser egwyl ac mi sylwais, yn y cyd-destun cymdeithasol yna, bod gwên ar dy wefus ac ychydig o hwyl yn dy natur yn bwysicach o lawer na'r rhif ar label dy jîns. Yn y Clwb Ffermwyr Ifanc, nid oedd cystadleuaeth 'bol mwyaf gwastad' yn bodoli, ond roedd Cadair i'w hennill i ddarpar fardd fel finne. Ond roedd Mam yn dal i boeni am faint dros fy mhwysau oeddwn i. Eto, roedd mantais i'r ffaith ei bod hi'n sicr 'mod i'n rhy dew i dynnu sylw unrhyw un: os byddwn i'n sleifio i mewn i'r tŷ yn dawel am bump o'r gloch y bore a hithe'n gofyn ble o'n i wedi bod, roedd hi wastad yn fodlon derbyn unrhyw ateb ffôl gen i achos roedd o'n haws o lawer iddi goelio 'mod i wedi bod yn mynychu ymarfer côr a barodd tan y wawr nag i feddwl 'mod i, chwedl Meat Loaf, wedi bod yn blasu tipyn o 'Paradise by the Dashboard Light'.

Allan o swigen Sir Drefaldwyn, ro'n i'n gweld, am y tro cyntaf, agweddau eraill tuag at ferched. Dwi'm yn dweud bod y dynion a gwrddais yn fy nglasoed yn proto-ffeministaidd – dim byd tebyg – ond pobl ymarferol oedden nhw ac, fel cyfaddefodd un i mi cwpl o fisoedd yn ôl, yn chwilio am ferch efo golwg ffrwythlon arni, y CBH. (Gyda llaw, does gen i ddim syniad pam fod Cymro Cymraeg yn defnyddio byrfodd gwbl Saesneg ond dyna fel dwedson nhw – Child Bearing Hips). Roedd y dyn yma'n synnu i glywed byrfodd o'n i'n ei ddefnyddio yn yr un cyd-destun, sy'n dod yn syth o'r farchnad da byw, sef EDCW (Estimated Dead Carcass Weight), fel modd i ddisgrifio dyn cryf oedd efallai ddim yr un mwya ceinwych ar wyneb y ddaear ond dal yn werth ei fachu.

Yn Aberystwyth, dysgais lwyth o bethau hollol newydd i mi, nid arferion a barn wedi'u seilio ar unigolion: 'Wyt ti, Siôn, yn ffansïo Siân, sy'n chwaer i dy ffrind?' ond syniadau mwy astrus o lawer: 'Paid ateb gormod o gwestiynau yn y tiwtorial achos mae bechgyn yn casáu merched clyfar' a 'Rhaid mynd lawr o faint 16 i faint 10 achos dyw bechgyn ddim yn hoffi merched tew'. Un peth sylwais yn syth: lôn un ffordd oedd hyn achos roedd y dynion oedd yn disgwyl Audrey Hepburn yn bell o fod yn debyg i Gregory Peck eu hunain. Sylwais hefyd mai'r dynion oedd â'r agwedd mwyaf afiach at gyrff menywod oedd cyn-ddisgyblion ysgolion bonedd a 'nes i syrthio dros fy mhen a 'nghlustiau efo un o'r rhain.

> **Sylwais hefyd mai'r dynion oedd â'r agwedd mwyaf afiach at gyrff menywod oedd cyn-ddisgyblion ysgolion bonedd a 'nes i syrthio dros fy mhen a 'nghlustiau efo un o'r rhain.**

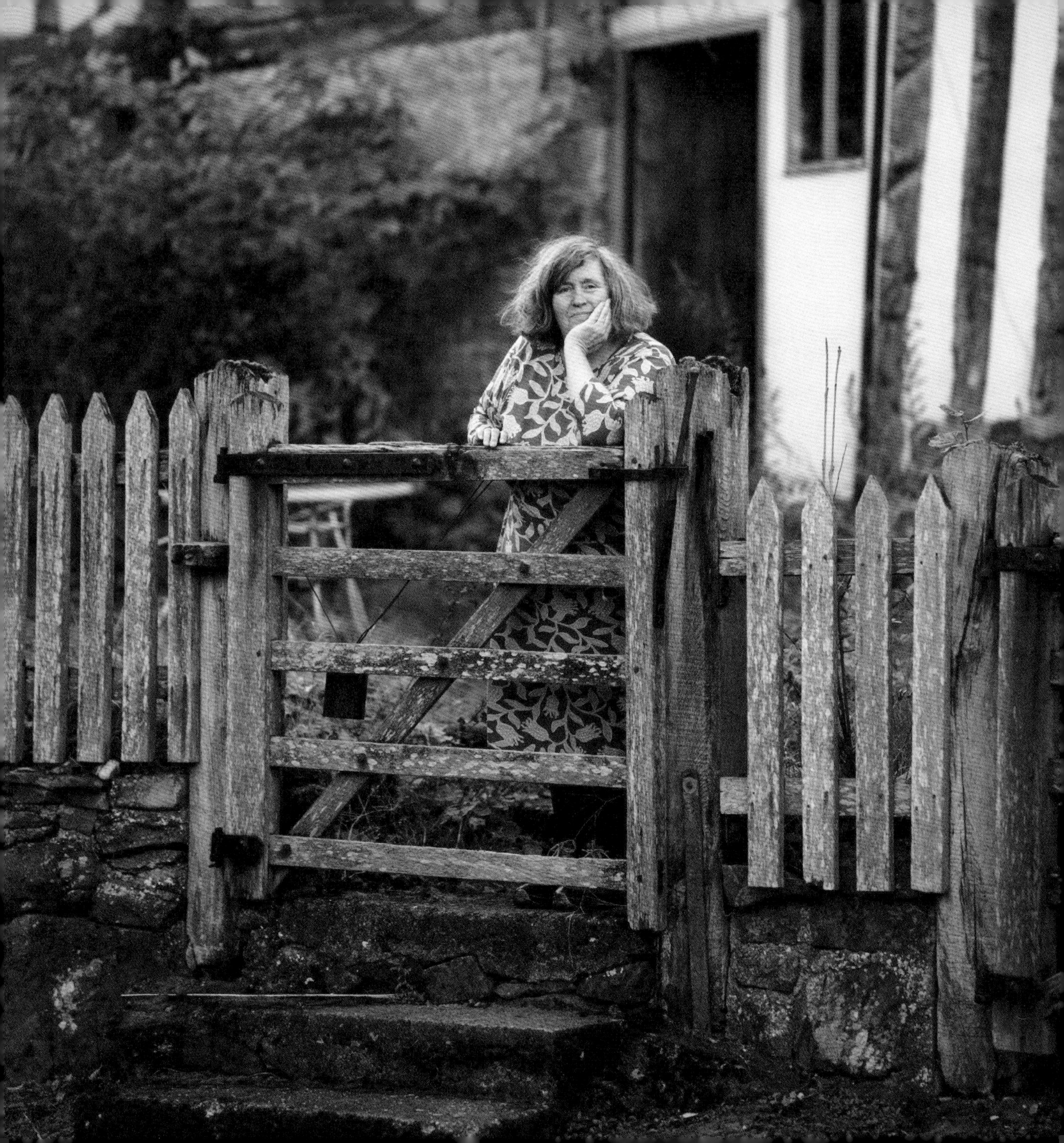

Ddim fan hyn yw'r lle priodol i mi drafod manylion problemau fy mhriodas: mae fy nghyn-ŵr yn dal i fod yn dad i fy mhlant a ond roedd gwahaniaeth barn am gyrff menywod yn broblem fawr rhyngon ni. Ro'n i'n deall yn iawn bod gwahaniaeth rhwng fy nghorff i a chyrff rhai o'r modelau yn y cylchgronau, ond roedd digon o ymateb positif i fi fel person cyflawn – yn cwmpasu maint fy mhen-ôl yn ogystal â fy natur siriol a ffraeth – i anwybyddu hynny. Ond o weld y dyn oedd wedi addo i fy ngharu yn glafoerio dros luniau'r merched yma, a'i ymateb wedyn ar ôl cael ei gwestiynu am hyn, sef: 'Mae gen i hawl i fynediad i gorff tebyg iddi hi,' mi chwalodd hyder fy nglasoed yn deilchion. Am flynyddoedd wedyn, es i o un deiet i'r llall – o'r Atkins i'r Weight Watchers – ond roedd dau ffactor yn tanseilio fy ymdrechion. Dwi 'di bod yn ddigon ffodus i gael chwech o ferched iach, ond mi gollais un. Ddylai neb fynd ar ddeiet os ydyn nhw'n feichiog – a dyna sut oedd fy merched i'n gwybod 'mod i'n disgwyl eto heb unrhyw ddatganiad cyhoeddus. Os o'n i'n gadael i fy hunan fwyta iogwrt, roedden nhw'n deall fod babi arall ar y ffordd. Dwi ddim yn defnyddio fy ffrwythlondeb fel esgus i beidio colli pwysau, ond mae'n rhan fach o bictiwr mwy.

> **Dwi'n bwyta be dwi awydd bwyta, ddim i blesio fy ngŵr na fy mam, na phwy bynnag arall sy'n meddwl bod ganddyn nhw hawl i roi sylw ar fy nghorff.**

Yr ail ffactor oedd yn effeithio ar fy ymdrechion aflwyddiannus oedd henaint. Yn 40 oed roedd hi'n amhosib i mi gystadlu yn erbyn lodesi hanner fy oedran, felly pam o'n i'n trafferthu cadw at ddeiet llym i geisio plesio fy mhartner? Hefyd, ro'n i'n poeni'n fawr am yr effaith gafodd ei agwedd ar y merched: byddai'n ddigon hawdd iddyn nhw ddatblygu problemau efo hunanddelwedd yn yr hinsawdd bresennol, heb sôn am ategu sylwadau gan eu tad, megis: 'Pobol denau yw'r bobol dda, ac mae rhai tew yn hunanol ac yn ddiog.' Well. Off. Hebddo.

Felly, dyma fi dros fy chwe deg, ddim yn rhoi rhech am fod ar ddeiet, a dwi'r hapusaf a mwyaf iach fues i erioed. Dwi'n deffro bob bore ar ben fy hun mewn gwely dwbl cyfforddus ac yn ymestyn fy nghorff fel cath ar wal yn yr heulwen. Dwi'n ddynes gref ac annibynnol ac, o ran faint o gnawd sydd dan fy nghroen, wel, alla i ddweud, hyd yn hyn, 'mod i heb dderbyn cwynion. Dwi'n bwyta be dwi awydd bwyta, ddim i blesio fy ngŵr na fy mam, na phwy bynnag arall sy'n meddwl bod ganddyn nhw hawl i roi sylw ar fy nghorff. Mae'r pethau dwi'n dewis eu bwyta yn gymharol iach: dwi bron byth yn prynu siocled, bisgedi neu greision ac, ar ôl arolwg 'Drink Aware', dwi'n yfed llai o alcohol na 85% o'm cyfoedion. Ond dwi ddim yn fodlon peidio rhoi menyn ar fy nhost o dan y Marmite, ac os dwi'n cael pryd o fwyd efo ffrindiau, dwi'n mentro'r 'Dessert Menu'. Dylswn i ddod o hyd i'r amser i wneud mwy o symud ond yn anffodus dim ond 24 awr sydd mewn diwrnod a dydy cerdyn sydd wedi stampio â thystiolaeth o 'mhresenoldeb yn y *gym* ddim yn mynd i fy helpu i dalu'r morgais, felly yn y ddadl rhwng gwaith ac ymarfer corff, gwaith sy'n ennill bob tro.

Dyma fi, felly, yn swmpus ond yn hapus, yn drwm ac yn fodlon, achos, o'r diwedd, fi a neb arall sy'n barnu fy nghorff. Ac os clompen o ddynes ydw i, dwi'n glompen o ddynes sy'n hapus yn ei chroen.

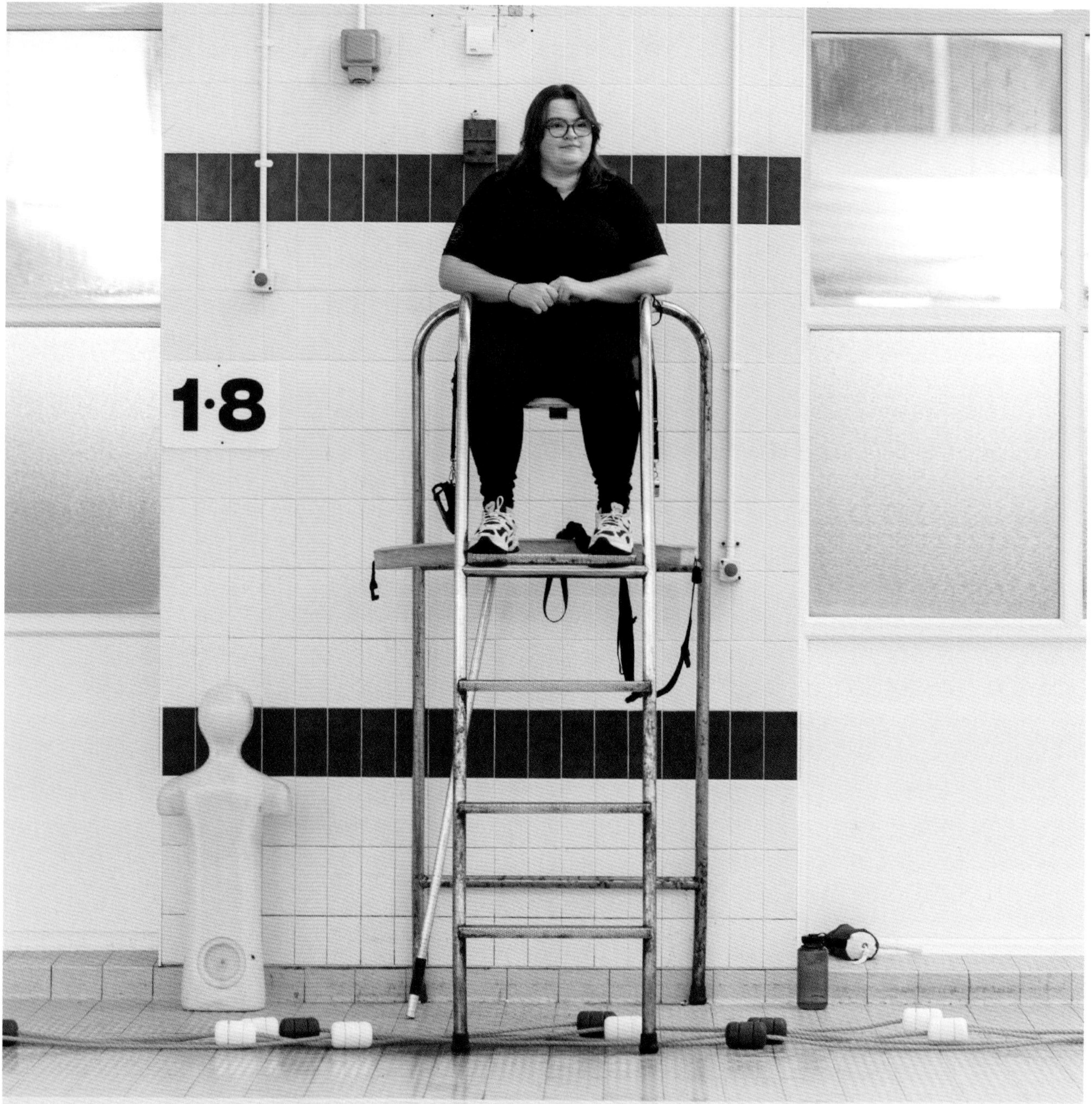
1·8

Nid yw tew yn air drwg

Ffion-Hâf Davies

Fy nghorff yw'r peth mwyaf boring amdana i. Mae fy rôls bloneg yn boring, fy marciau *stretch*, seliwleit, y rhif sy'n sgathru fy nghefn ar y label tu fewn i bob eitem o ddillad, yr holl beth: boring. Pan ydych chi'n cwrdd â fi nid dyna'r peth cyntaf byddwn ni'n siarad amdano, dyw fy maint ddim yn *fun fact* i dorri'r iâ. Ond bob dydd dwi'n meddwl am fy nghorff, bob dydd mae rhywbeth neu rywun yn achosi i fi feddwl pam ydw i'n gorfod bod y maint ydw i. Yn brwydro i gofio'r geiriau sgwennais yn 15 oed: 'Nid yw tew yn air drwg'.

    Pan oeddwn i'n 15 sgwennais ddarn o'r enw 'Nid yw Tew yn Air Drwg', atgof i fi fy hun wrth i'r gair daro o amgylch fy mhen, yn cleisio fy hunanhyder gyda phob trawiad. Roeddwn i wedi bod yn ymwybodol o fy maint, yn enwedig i gymharu efo fy ffrindiau ysgol, ers pan o'n i tua 10 mlwydd oed. Bob tro roeddwn i'n troi'r teledu ymlaen ac yn gweld penawdau am yr *obesity crisis* yn y DU roeddwn i'n meddwl amdana i fy hun – ble oeddwn i'n eistedd o fewn yr ystadegau hynny? Ai dyna oedd fy unig bwrpas, i fod yn ffigwr i ddangos methiannau'r wlad?

Roedd hi'n teimlo fel petai'r gair 'tew' ym mhobman, yn amhosib dianc oddi wrtho. Ar y buarth ysgol mi fydden i'n clywed y plant eraill yn siarad am eu maint, yn chwerthin ar ben y 'plant tew' wrth i mi eistedd yna'n ddistaw, yn ymwybodol tasen i'n cerdded i ffwrdd mai dyna sut fydden nhw'n fy nisgrifio i.

Mae yna adeg yn yr ysgol, pwynt nad ydw i erioed wedi gallu ei ddiffinio'n ddigonol, pan mae maint eich dillad yn ategu eich statws. I mi, doedd e ddim yn rhywbeth roedd eraill yn fy nghwestiynu i am faint fy nillad, ond yn hytrach roedd fy nghyfoedion yn hyrwyddo eu maint nhw, maint oedd wastad yn llai na fy un i. Roedd fy maint yn teimlo fel tabŵ enfawr, rhywbeth roedd pawb yn ymwybodol ohono, ond rhywbeth allai neb fyth gael yr hyder i siarad amdano.

Ac felly, yn 15 oed, wnes i ddechrau ar y broses o golli pwysau. Ar y pryd, roedd hyn yn teimlo fel syniad hollbwysig; roeddwn i wedi cael digon ar fod yn dew, ar deimlo fy nghorff yn eistedd o fy amgylch, ar deimlo'n hollol wahanol i fy nghyfoedion oherwydd y roliau bloneg ychwanegol. Erbyn i fi gyrraedd 16 oed roeddwn i'r maint lleiaf dwi erioed wedi bod, er dal i fod yn ystadegol dros fy mhwysau.

Erbyn haf 2019 roedd fy narn 'Nid yw Tew yn Air Drwg' wedi cyrraedd rownd derfynol gwobr y Wicked Young Writers Award, wedi'i gyhoeddi mewn antholeg, wedi'i roi ar BBC Cymru Fyw, roeddwn i wedi cael fy nghyfweld ar BBC Radio Cymru, ac roedd Adran Saesneg fy ysgol uwchradd wedi ei argraffu a chreu arddangosfa ar y wal. Yn ystod mis Hydref 2019, wnes i addasu'r darn yn araith a ddarllenais yn Siambr y Senedd fel aelod o Senedd Ieuenctid Cymru. Roedd hi'n teimlo fel petai fy ngeiriau ym mhobman, fy mod i nawr yn cael fy niffinio ganddyn nhw. Doeddwn i ddim erbyn hyn yn cael fy niffinio gan fy maint ond yn hytrach gan fy agwedd tuag ato.

Nawr, yn 21 oed, dwi'n edrych yn ôl ar yr adeg yma gydag eironi. Ar hyn o bryd dwi'r maint mwyaf dwi erioed wedi bod ac wedi croesi ryw ffin ddieithr roeddwn i wedi sgwennu i fi fy hun, maint doeddwn i 'byth i fod i gyrraedd'. Roedd y ffin yma'n dal i fodoli tan y Nadolig cyn i mi droi'n 21 pan oeddwn i ond ychydig bach yn fwy na'r maint lleiaf yna nad oeddwn i byth yn hapus efo fo. Pan oeddwn i'n 16, yn y corff llai, doedd y corff hwnnw ddim i fod i newid yn fy mhen, roeddwn i 'ddim rhy fach a ddim rhy fawr'. Roedd hi'n hawdd gweiddi am hunanddelwedd bositif a gweiddi i'r byd 'mod i'n caru fy hun pan oeddwn i'n teimlo fy mod wedi cyrraedd fersiwn delfrydol o fy nghorff. Ond yn wir, wrth edrych yn ôl nawr, dwi'n sylweddoli o'r diwedd 'mod i wir wedi bod yn cuddio.

Roedd clywed cwestiynau fel 'Wyt ti wedi colli pwysau?' fel casglu losin wrth i mi guddio y tu ôl i'r dillad tywyll roedd Pinterest yn dweud wrtha i oedd orau i edrych yn deneuach. Roedd ofn gweld fy nghorff yn newid yn gwneud i mi grio bob tro nad oeddwn i'n gallu gwisgo dilledyn oedd o fewn y ddau faint penodol roeddwn i'n credu oedd yn dderbyniol. Roeddwn i'n gaeth i'r person oedd yn ceisio caru ei chorff ond yn rhy ofnus i dderbyn newidiadau iddo.

Yn 16 oed fy maint oedd y peth pwysicaf amdana i. Yn 21 oed dyna'r peth mwyaf diflas amdana i.

Bum mlynedd yn ddiweddarach ac mae gen i safbwynt hollol wahanol am fy nghorff, a dwi'n siŵr os byddech chi'n gofyn i fi mewn pum mlynedd arall mi fydd wedi newid eto. Ond dyna'r hud am ein cyrff, bob awr o bob dydd maen nhw'n newid. Fyddwn ni byth yn cael yr un corff eto. Yfory efallai bydd gen i *stretch mark* newydd, y diwrnod wedyn bydd hen farc newydd droi'n wyn. Efallai wythnos nesaf bydd fy mol yn chwyddo eto ar ôl bwyta swper ffantastig, efallai'r wythnos ar ôl hynny bydd fy mol yn llai. O ddydd i ddydd dwi'n newid, dyw'r corff dwi'n ei weld yn y drych byth yr un un. Ond sut bynnag mae'n edrych, mae'n gallu gwneud pethau ffantastig.

Mae fy nghorff, y corff yma sy'n sgwennu'r geiriau yma, yn codi bob bore i fynychu prifysgol. Mae'r corff yma'n cerdded ar hyd strydoedd dwi'n eu hadnabod yn well na fy nghorff fy hun, yn cerdded i fyny grisiau erchyll yr Adran Saesneg i'r ystafelloedd dysgu ac yn gartref i'r ymennydd sy'n casglu'r llu o wybodaeth ac yn ei roi mewn nodiadau darlith.

Mae'r corff yma'n gartref i'r rhestr ddiddiwedd o straeon dwi am eu sgwennu. Wnaeth y corff yma sgwennu drama a'i chyfarwyddo gan y gymdeithas ddrama.

Wnaeth y corff yma greu llu o ffrindiau, nid oherwydd edrychiad ond oherwydd personoliaeth.

Mae'r corff yma'n achubwr bywyd ac yn athrawes nofio.

Mae'r corff yma wedi hyfforddi 34 o achubwyr bywyd newydd sydd nawr yn gweithio yn y byd.

Mae'r corff yma'n caru: teulu, ffrindiau a phartner.

Mae'r corff yma'n fyw, yn fy nghael o fan i fan ac yn fy helpu i oroesi. Dyw'r corff yma ddim yn bwysig, ond mae'r corff yma'n llestr sy'n fy ngalluogi i oroesi.

Nawr, pan dwi'n prynu dillad, dwi ddim yn cuddio rhag y dillad dwi'n credu sydd i fod ar gyfer cyrff llai na fy un i. Does dim angen i mi ffeindio dillad sy'n hedfan dros fy mol er mwyn ei guddio, neu wisgo dillad tywyll er mwyn i neb fy ngweld. Nawr mae fy hoff ddillad yn lliwgar, yn ba bynnag siâp sy'n apelio ata i.

> **Mae'r corff yma wedi hyfforddi 34 o achubwyr bywyd newydd sydd nawr yn gweithio yn y byd.**

Nawr, dwi ddim yn ffocysu ar fy maint nac ar fy mhwysau a dwi'n gallu gwerthfawrogi pob peth pwysig amdana i. Dydy hi ddim yn hawdd, ond mae pob dydd yn gam ymlaen. Bob dydd dwi'n atgoffa fy hun bod mwy i fy mhersonoliaeth na maint fy nillad.

Pwy bynnag sy'n credu y dylswn i golli pwysau neu newid fy nghorff dwi'n credu fy mod i'n brydferth, fy mod i'n bwerus, fy mod i'n bwysig. Dwi'n fwy nag ystadegyn i'r *obesity crisis*. Dwi ddim yn greisis, dwi'n berson efo personoliaeth y tu hwnt i fy nghorff, y tu hwnt i farn pawb o fy amgylch. Dwi'n dew. Ac dwi'n fwy na'r ffaith honno. Dwi'n fwy na maint.

Fy nghorff yw'r peth mwyaf boring amdana i.

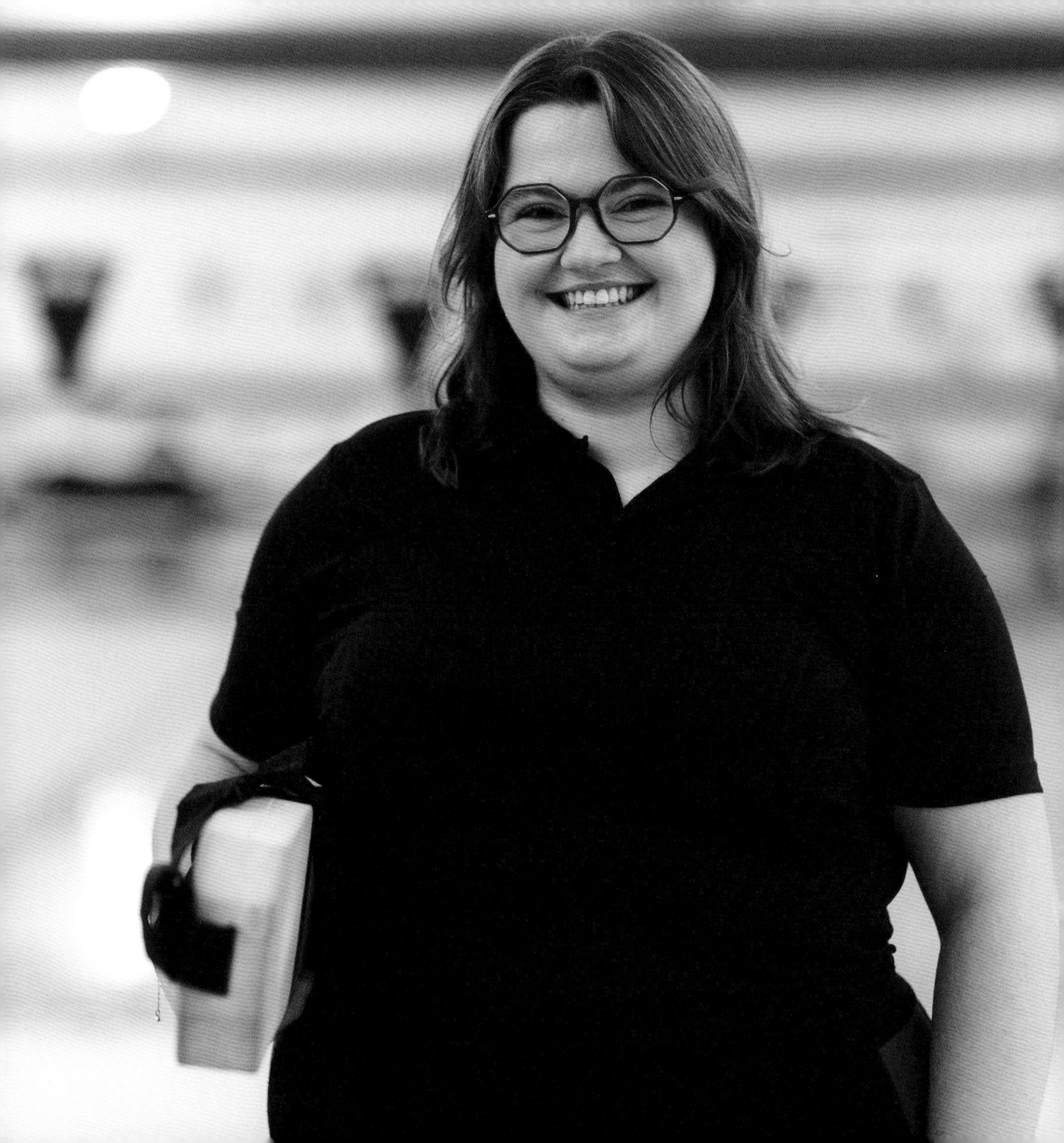

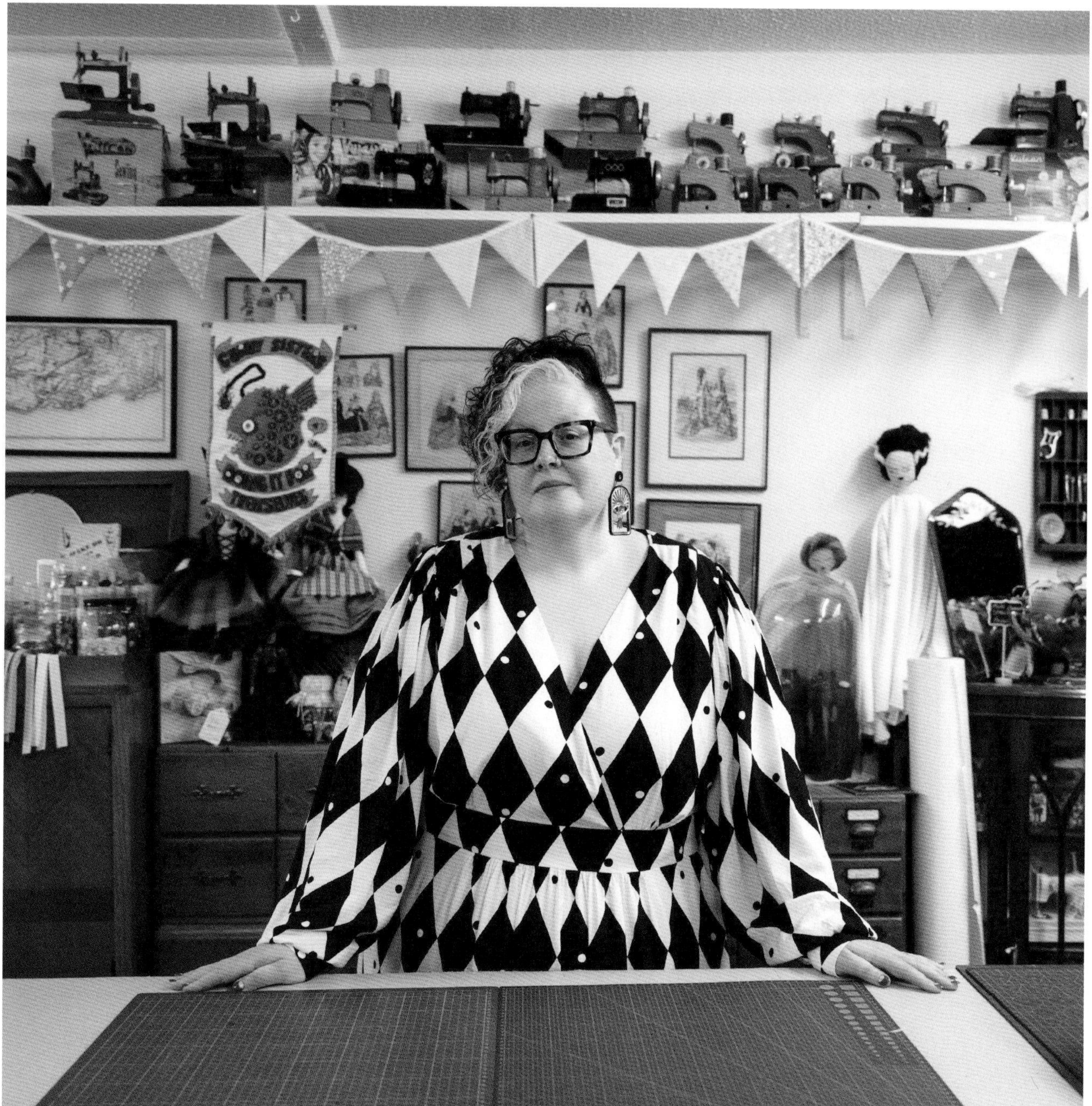

Lle i anadlu

Becky Davies

Wrth fflicio trwy hen albymau lluniau o fy mhlentyndod, sylwodd Mam ar y llun oedd yn nodi'r diwrnod pan wnes i ddod yn hunanymwybodol o fy nghorff am y tro cyntaf. Ro'n i mewn gwisg nofio oedd yn gwneud datganiad, gyda streipiau llorweddol melyn a du, ac rydyn ni i gyd yn gwybod beth mae streipiau llorweddol yn ei wneud… ein lledu. Rwy'n deall yn iawn pam, fel mam, ei bod hi'n caru'r wisg nofio hon arna i. Fi oedd ei chacwn bach del, boliog. Ro'n i'n eistedd i fyny mewn pwll padlo bach yn yr ardd gefn, a do'n i ddim yn edrych yn hapus i gael tynnu fy llun. Ro'n i wedi ceisio gorchuddio cymaint o fy mol â phosib gyda fy mreichiau. Allwn i ddim fod wedi bod yn llawer hŷn na chwech neu saith oed…

Rydw i wedi teimlo'n hynod 'wahanol' cyhyd ag y galla i gofio, ac mae cymdeithas yn barod iawn i ddarparu ffyrdd o fy atgoffa o hyn yn ddyddiol. Byddwn yn poeni am bethau fel fy nghorff yn cymryd gormod o le ar y bws, y trên, y siglen, y sinema, y theatr, y fainc yn y parc; pob gofod sydd wedi'i gynllunio i fesuriadau safonol. Beth pe bawn i'n rhoi'r gorau i ystumio ac yn ymlacio fy nghyhyrau am eiliad? Neu'n anadlu

Byddwn yn poeni am bethau fel fy nghorff yn cymryd gormod o le ar y bws, y trên, y siglen, y sinema, y theatr, y fainc yn y parc; pob gofod sydd wedi'i gynllunio i fesuriadau safonol.

allan fel bod fy nghorff yn lledu y tu hwnt i'r ffrâm oedd yn amlinellu'r gofod ro'n i fod i'w gymryd? Duw a'm gwaredo tase fy nghorff yn digwydd cyffwrdd â'r person wrth fy ymyl, gan eu rhybuddio bod Becky yn un o'r bobl hynny y mae gan gymdeithas gymaint o farn amdanyn nhw ac yn ffieiddio ganddyn nhw. Mae Becky yn dew.

Wrth edrych allan y tu hwnt i mi fy hun, roedd y mwyafrif o fy nghyd-ddisgyblion yn yr ysgol yn edrych fel creaduriaid bach hudolus, tebyg i dylwyth teg, yn gallu llithro'n hawdd i fewn i eitemau gorau a harddaf fy nrâr gwisgo lan pan fydden nhw'n dod draw i chwarae, fel fy ffrog morwyn briodas sidan amrwd gyda llewys mawr pwfflyd… a oedd yn fy ffitio i sawl blwyddyn cyn hynny. Ro'n i wastad yn gorfod meddwl yn greadigol gyda'r darnau eraill oedd yng ngweddill y drâr, o *unitard* o'r 1980au i siôl wedi'i chrosio, gan chwarae cymeriadau od fel 'Dewines o Hwngari' (beth bynnag oedd honno!), neu'r wrach o'r llyfr *Lobscows Sulwen Swyn*. Roedd chwarae cymeriadau tywyll neu hyll yn rhoi llawer o ryddhad i mi rywsut, yn rhoi sgiliau hudol i mi, a'r pŵer i gymryd mwy o ofod. Roedd yn gyfle hefyd i ddweud, 'Ie, dwi'n gwybod nad ydw i'n edrych fel mae cymdeithas yn meddwl dylwn i', heb orfod dod allan yn llythrennol a dweud hynny, cyn i bobl gael y cyfle i alw enwau arna i neu i wneud hwyl am fy mhen. Yn anffodus, dyma'r math o fwlio 'nes i ei brofi'n ddyddiol yn yr ysgol. Roedd chwarae'n 'hyll' neu'n 'rhyfedd' yn creu rhyw fath o arfwisg amddiffynnol i mi.

Mae fy ymennydd wastad wedi bod yn dda mewn sefyllfaoedd fel hyn, pan mae angen 'datrys problemau'n greadigol', a rhagweld problemau posibl; rhywbeth sydd wedi bod o fudd i mi yn fy ngyrfa hyd yma, yn enwedig ym myd dylunio ar gyfer perfformiad – byd sy'n symud mor gyflym. Fodd bynnag, rwyf wedi dod i ddysgu yn fy nhridegau, ar ôl cael diagnosis o ADHD (math cyfunol), fod hwn yn ddull rwyf i wedi'i fabwysiadu er mwyn 'cuddio' a goroesi, h.y. gwneud fy hun yn fwy dymunol i bobl eraill mewn byd lle mae'r mwyafrif o bobl yn niwronodweddiadol. Y tu ôl i'r llen, roedd fy ymennydd yn byrlymu, a chlymau diddiwedd o feddyliau'n cystadlu. Roedd terfynau amserlenni tyn a nosweithiau hwyr, llawn straen yn rhoi'r pwysau roedd ei angen arna i i ganolbwyntio ar dasg. Roedd bwyd a diod cyflym, a blasau cryf (pop yn arbennig), yn darparu'r mewnbwn synhwyraidd angenrheidiol i mi, gan dawelu fy meddyliau ychydig a fy helpu i reoli fy emosiynau. Roedd hyn yn hanfodol pan oedd rhaid i mi eistedd wrth ddesg am oriau di-ben-draw! Yn anochel, mae hyn wedi cymhlethu fy mherthynas â bwyd a fy nghorff ymhellach.

I mi, mae ADHD hefyd yn golygu bod gen i rywbeth o'r enw 'sensitifrwydd cyfiawnder'. Yn reddfol, rwy'n teimlo'r angen i wneud rhywbeth pan rwy'n profi cam neu annhegwch o unrhyw fath. Felly, dyw hi ddim yn syndod, pan ddechreuais weithio gyda Chwmni Theatr Taking Flight, sy'n cefnogi pobl fyddar, anabl a niwroamrywiol, yn nyddiau cynnar fy ngyrfa yn dylunio set a gwisgoedd, wnes i ddechrau integreiddio hygyrchedd a chynhwysiant yn syth bìn. Daeth yn ffocws ac yn angerdd i mi. Fel y dysgais gan yr academydd, Beth Pickard, mae cymhwyso'r 'Model Cymdeithasol o Anabledd' yn gymhleth ac yn heriol yn ymarferol mewn byd sydd, i raddau helaeth, yn ffafrio pobl abl. Rwy'n meddwl am gorff y perfformiwr fel cerflun symudol sydd eisoes wedi'i ffurfio, ac yna mae angen i mi ymateb iddo trwy fy nyluniadau, ei ategu a'i bwysleisio. Gall hyn olygu bod cadair olwyn, er enghraifft, yn cael ei gorchuddio neu ei haddurno i fod yn rhan o wisg, neu yn brop yn ei hawl ei hun.

Un o'r pethau cyntaf a ddysgais wrth wisgo cantorion opera yw faint o le sydd angen ei ganiatáu i'w diafframau a'u hysgyfaint nerthol ehangu a chrebachu er mwyn rheoli, cefnogi a thaflu eu lleisiau. Dyw hi DDIM yn fater i'r cantorion sugno eu hunain i mewn i gael y wasg leiaf posib, rwy'n llythrennol yn gofyn iddyn nhw i 'adael i bopeth hongian mas!', gan eu gwylio'n anadlu mewn a mas mor ddwfn â phosibl, a chaniatáu i'r tâp mesur ehangu yn ysgafn gyda'r corff. Mae gweithio mewn hen fesuriadau imperialaidd, fel sy'n cael ei wneud gan amlaf ym myd creu gwisgoedd ym Mhrydain, yn aml yn helpu'r perfformwyr, gan nad yw'r rhifau'n golygu gymaint iddyn nhw, ac nid yw'n cyfateb yn awtomatig i faint dillad penodol yn eu meddyliau. Mae hynny hefyd yn helpu perfformwyr i ystyried faint o le sydd wir angen arnyn nhw yn hytrach na nodi maint y maen nhw'n meddwl y *dylen* nhw fod yn ei wisgo.

O brofiad personol o gael corff nad yw'n cydymffurfio â normau cymdeithasol, rwy'n gwybod sut i ddefnyddio haenau a gwahanol doriadau o ddillad i gyflawni edrychiad dymunol, sy'n aml yn dibynnu'n drwm ar gyfnod y sgript. Allwn i byth wisgo ffrog *flapper*, sydd â siâp syth, o'r 1920au, er enghraifft, OND byddwn i'n edrych yr un mor ffansi ac yn llawn symudiad mewn kimono, neu'n well fyth, mewn ffrog felfed fyddai'n ymateb i bwysau'r ffabrig, gyda llewys adain ystlum steil Erté. Mae bod yn ystyriol i siâp a nodweddion y perfformiwr wrth i mi arlunio fy nyluniadau yn golygu, pan fydda i'n eu cyflwyno i'r cwmni, nid yw'r perfformiwr yn mynd i banig gan nad yw ei gorff yn 'iawn' ar gyfer yr hyn sydd ei angen. Mae'r person wedi'i gynnwys o'r dechrau, a dyna'r trefniant sydd orau gen i yn y broses ddylunio bob amser.

> **O brofiad personol o gael corff nad yw'n cydymffurfio â normau cymdeithasol, rwy'n gwybod sut i ddefnyddio haenau a gwahanol doriadau o ddillad i gyflawni edrychiad dymunol**

Weithiau, mae'r dull yma o ddylunio'n arwain at rannau o gorff perfformiwr yn digwydd cydymffurfio â silwétau sy'n aml yn cael eu hystyried yn ddymunol fel ffigwr *hourglass* neu ymestyn y coesau. Llwyddodd fy ngwisg briodas y math yma o gamp weledol. Gwisgais ffrog o'r 1950au, arddull Dior, mewn lliw piws tebyg i wylys, gyda phenwisg uchel a oedd wedi'i chreu'n arbennig gan fy ffrind hynod dalentog, Angharad Gamble. Er ei bod hi'n wisg anghonfensiynol, roeddwn i'n teimlo fy mod i'n edrych ar fy mwyaf trawiadol a hudolus erioed. Ond ymateb cyntaf un o'r gwahoddedigion i fy ngwisg oedd: 'Mae gen ti wast nawr!' a thynnwyd y gwynt o fy hwyliau yn syth. Efallai wnes i ofyn am yr ymateb yna, achos cyn y briodas, wnes i ddioddef sawl mis diflas o fyw ar ysgytlaeth colli pwysau ac ymweld yn ddyddiol â'r gampfa, ac ro'n i wedi colli pwys neu ddau (ond dim ond ychydig). Mae ffrogiau o'r 50au yn tueddu i wneud i ganol rhywun edrych yn llai gan fod cyferbyniad rhwng y wasg gul a'r sgert lawn, gyda phais net swmpus oddi tano. Fodd bynnag, gwnes i'r penderfyniadau i wneud y pethau yma cyn diwrnod fy mhriodas fel fy mod i'n gallu cael diwrnod pan nad oedd yn rhaid i mi feddwl gymaint am fy nghorff, i dynnu llai o sylw at y ffaith fy mod i ymhell o fod yn edrych fel silwét o'r briodferch arferol. Roeddwn i eisiau canolbwyntio ar fwynhau fy hun. Roedd hynny'n naïf, ac nid bai'r gwestai oedd e. Mae cymdeithas wedi'n dysgu ni i gymeradwyo'r enghreifftiau bach fel yna o gydymffurfiaeth honedig. Mae 'colli pwysau = da' wedi'i weirio'n galed i'n hymennydd, felly does dim rhyfedd nad yw pobl yn gallu atal eu hunain rhag 'lledaenu'r efengyl'. Hoffwn i tasen i'n gallu anghofio'r un sylw yna.

    Er bod fy ffrog briodas yn edrych fel rhywbeth yn syth allan o hen gatalog, mewn gwirionedd roeddwn i newydd ei phrynu yn syth 'oddi ar y rac'! Dyna beth oedd penderfyniad economaidd a modern! Yn anffodus, mae dod o hyd i eitemau ail-law a defnyddio hen eitemau *vintage*, mabwysiadu'r arfer o 'ffasiwn araf' a cheisio glynu wrth 'Lyfr Gwyrdd y Theatr', yn dipyn o her wrth chwilio am ddillad mewn meintiau mwy. Gyda mynediad at fwy o ffynonellau bwyd, safonau maeth gwell a datblygiadau mewn gofal meddygol, mae'n wir ein bod ni fel poblogaeth wedi mynd yn dalach, yn noblach ac ychydig yn fwy o faint yn gyffredinol. Fodd bynnag, y rheswm pam ein bod yn aml yn dod o hyd i feintiau llai yn unig o ddillad *vintage* mewn cyflwr taclus yw oherwydd eu bod nhw wedi eu gwisgo'n llai aml. Roedd meintiau mwy yn bodoli, ond fe gawson nhw eu gwisgo hyd syrffed a'u trosglwyddo o berson i berson nes eu bod yn mynd yn dwll, ac nad oedd modd cyfiawnhau eu hatgyweirio a'u cynnal a chadw ymhellach.

Rwy'n gwybod nad fi yw'r unig berson â gwisg hyfryd yn fy nghwpwrdd dillad na alla i ffitio i mewn iddi mwyach. Dim ond am amser byr roedd y wisg yma yn fy ffitio i yn y lle cyntaf, os rwy'n onest â fy hunan, ac mae'n debyg na fydda i byth yn llwyddo i ffitio i mewn iddi eto, waeth cymaint rwy'n ceisio… Serch hynny, rwy'n dal gafael ar y wisg yma fel rhyw fath o hunan-artaith, er y byddwn i'n cynghori unrhyw un arall yn yr un sefyllfa i'w gwerthu hi neu i anghofio amdani.

Mae opsiynau dillad mwy cynaliadwy, maint plws, sy'n dod o ffynonellau lleol ac wedi'u gwneud yn lleol, yn ddrud iawn o'u cymharu â dillad 'ffasiwn cyflym', ac os yw eich pwysau yn amrywio, gallwch ychwanegu cost addasu at hyn. Mae'n anodd peidio teimlo'n euog fod dy gorff yn 'anghyfleus'.

Mae bod yn dyst i berfformwyr rwyf wedi gweithio gyda nhw yn ffynnu ar lwyfan yn dod â chymaint o lawenydd i mi, ac rwy'n gobeithio fy mod i wedi'u cefnogi i gael tawelwch rhag y sŵn meddyliol parhaus rwyf i'n ei brofi am fy ymddangosiad fy hun. Mae'n drist bod fy ymdrech i dderbyn cyrff gwahanol yn fy ngwaith, ac ymhlith fy ffrindiau a theulu, yn rhywbeth rwy'n cael trafferth i'w ymgorffori yn fy mywyd personol, pan fydda i'n edrych yn y drych. Edrychaf felly ar waith pobl fel y digrifwr Sofie Hagen, yr ymarferydd yoga cynhwysol Lucy B, a'r darlunydd Phoebe Wahl, mewn ymgais i foddi'r lleisiau prif ffrwd hynod o uchel sydd ymhobman. Dychmygwch fyd lle byddwn i hefyd yn gallu teimlo'r un mor hyderus ag y mae'r perfformwyr rwy'n eu gwisgo yn ymddangos i mi ar lwyfan.

Yn steil comig hunangofiannol Wahl, 'The Joy of Swimming While Fat' (2022), mae'n disgrifio'r broses o ymdrochi yn y dŵr fel un sy'n caniatáu i'r cywilydd mewnol arnofio i ffwrdd wrth i'r dŵr eich dal yn gysurus. Heddiw, wrth fentro ar y daith gyhoeddus a chwithig, mor gyflym â phosib i ymyl y dŵr, rwy'n gwisgo fy hun mewn *ensemble* digalon o dop llewys hir a legins, gyda ffrog nofio dros y cyfan. Fodd bynnag, unwaith y bydda i yn y dŵr, mae ffurf fy nghorff yn cael ei ystumio yn y crychdonnau ac rwy'n teimlo'n ddiogel.

Mae'r byd yn rhyw niwl llwydlas heb fy sbectol, a theimlaf ryddhad wrth i'r dŵr amgáu amdanaf, a gallaf arnofio'n rhydd yn ei goflaid oer. Mae'n arallfydol. *The Little Mermaid* oedd y ffilm gyntaf i mi wylio mewn sinema yn bump oed yn y Parc a'r Dâr, Treorci, ac fe wnaeth danio fy meddwl i ddychmygu dŵr fel porth i fydoedd eraill. Mewn dŵr, gallaf ddianc, a hyd yn oed deimlo mor osgeiddig ac ysgafn â môr-forwyn.

> **Mae'n drist bod fy ymdrech i dderbyn cyrff gwahanol yn fy ngwaith, ac ymhlith fy ffrindiau a theulu, yn rhywbeth rwy'n cael trafferth i'w ymgorffori yn fy mywyd personol, pan fydda i'n edrych yn y drych.**

Yn ddwfn yn nyfnderoedd tywyllaf ac oeraf y cefnfor, mae ffigwr pysgodlyd arall yn byw, sy'n dipyn o eicon benywaidd, maint plws i mi (ffigwr sydd wedi bod yn ganolbwynt i oriau o fy *hyperfocus* ADHD!). Mae cythraul y môr (*angler fish*) benywaidd tipyn yn fwy na'i chymar gwrywaidd, ac yn aml yn cael ei darlunio fel cymeriad ffyrnig, angenfilaidd mewn llenyddiaeth a ffilm. Fodd bynnag, anaml y gwelir ei ffurf gan ei bod wedi'i gorchuddio gan y tywyllwch, a'r unig beth sy'n datgelu ei phresenoldeb yw pennau bioymoleuol ei wisgers hir, a'i gwialen bysgota enwog gyda bwlb golau. Does dim angen iddi gael ei gweld gan eraill, a does dim angen iddi hela am ei bwyd. Daw ei hysglyfaeth ati, wedi'u cyfareddu gan ei goleuadau pefriog cyn cael eu hidlo'n gyflym trwy ei ffangiau pigog ac i mewn i gagendor ei cheg. Yn syml, mae hi'n arnofio'n braf, yn cael ei gyrru gan y cerrynt. Ac os na all pysgodyn gwryw ddod o hyd i fenyw o fewn pythefnos gyntaf ei fywyd, bydd e'n marw. Os bydd yn llwyddo i ddod o hyd i gymar mewn pryd, mae'n ei brathu ar ei hochr ac yn araf ddod yn atodiad iddi. All hwnnw bellach ddim hela drosto'i hun, ac felly, am ei bod hi'n rhoi maeth iddo, mae'r fenyw'n gallu dewis ei ddefnyddio fel cyflenwad sberm, pryd bynnag mae hi'n dymuno. Gall gymryd nifer o bysgod gwrywaidd fel atodiadau ar yr un pryd, ac yna'u rhyddhau pan fydd hi'n dymuno.

Mae'r byd yn eiddo i'r cythraul y môr benywaidd, a'i ffurf sy'n dal ei holl bŵer, a dyna pam y dewisais gynnwys ei delwedd ar faner tecstiliau ar gyfer Diwrnod Rhyngwladol y Menywod, sydd bellach yn hongian yn fy nghartref i'm hatgoffa. Alla i ddim ceisio dyfalu byd lle nad yw siâp a maint ein cyrff mor bwysig, ond gallwn geisio mabwysiadu ac amgylchynu ein hunain gyda negeseuon mwy niwtral. Yn y cyfamser, byddaf yn parhau i beidio byth â gadael y tŷ heb ddewis addurno llabedau fy nghlustiau â phâr mawr o glustdlysau trawiadol, bioymoleuadau Becky.

Y Cyfranwyr

Daw **Mared Llywelyn** o Forfa Nefyn ym Mhen Llŷn. Mae'n gweithio fel Swyddog Addysg yng nghanolfan treftadaeth Plas Carmel yn Anelog, ac fel sgwennwr ac actor. Mae'n mwynhau te, cerdded llwybrau arfordir Llŷn gyda Lleu y ci, theatr, geiriau, canu'n y côr, haul, clybia Ibiza, Aberystwyth, trafeilio i lefydd newydd… a dychwelyd wedyn.

Mae **Caryl Parry Jones** yn wreiddiol o Ffynnongroyw, Sir y Fflint ond wedi byw yn y Bontfaen ers bron i ddeugain mlynedd. Mae hi'n gyfansoddwr, awdur a chyflwynydd radio ac yn fam i bedwar o blant ac un llysfab yn ogystal â bod yn Nain i Jim a Morris. Mae hi wrth ei bodd yn pobi a choginio, gwylio rhaglenni meddygol, gwisgo'i phyjamas a chwtsho'i hwyrion.

Daw'r gomediwraig **Beth Jones** o dref Dinbych, ond treuliodd gyfnod o'i phlentyndod yn byw yn Papua Gini Newydd hefyd. Mae wedi perfformio ei stand-yp ar amryw o lwyfannau Prydain. Yn ddiweddar, dechreuodd Beth ei swydd fel Prif Drefnydd Tafwyl; mae'n ei weld fel antur a sialens newydd, sy'n ei siwtio hi i'r dim.

Dechreuodd yr artist **Mari Gwenllian** greu noethluniau yn 2016. O ganlyniad i hynny dechreuodd rannu ei phrofiadau personol gyda hyder corfforol ar ei thudalen Instagram: h.i.w.t.i. Mae hi ar siwrne ddiddiwedd i gael y berthynas orau posib gyda'i chorff, ac yn awyddus i rannu ei thaith er mwyn ysbrydoli eraill.

Merch fferm o Landysilio, Sir Benfro yw **Jess Robinson**, sydd bellach yn byw yng Nghaerdydd. Fe gynrychiolodd Cymru yng nghystadleuaeth Canwr y Byd 2023 gan gyrraedd y Ffeinal (yr unig fenyw o Gymru i wneud hynny). Mae'n hoffi gwin gwyn a cherdded Sblot y ci gyda'i gŵr, Dyfed, a'u mab, Gruff.

Mae **Gwennan Evans** wedi ymgartrefu yng Nghaerdydd ond daw hi'n wreiddiol o Bumsaint, Sir Gaerfyrddin. Ar ôl pymtheg mlynedd o weithio i BBC Radio Cymru, mae hi bellach yn olygydd llyfrau. Mae hi hefyd yn barddoni ac yn ysgrifennu llyfrau i blant yn ei hamser hamdden, prin!

Mae **Nia Mererid** yn byw ym Mro Morgannwg gyda'i mab, Zac, a Jax y ci. Mae'n adnabyddus am ei gwallt glas, llachar, sy'n ddefnyddiol pan mae hi mas yn cerdded neu'n nofio ac angen cael ei gweld o bellter! Os na welwch chi'r gwallt yn gyntaf, fydd hi ddim yn hir cyn i chi glywed ei chwerthiniad uchel!

Hogan o Fôn yw **Caryl Bryn** ond mae bellach wedi ymgartrefu ger Caernarfon gyda'i phartner, Gethin, a'i chath fach, Jini Bach Pencae. Mae'n gweithio fel gohebydd teledu i *Heno* a *Prynhawn Da* ar S4C. Mae hi wrth ei bodd yn llnau (go iawn!), gwario ar nwyddau gofal croen a chwarae cerddoriaeth glasurol ar y piano!

Yn wreiddiol o Wynedd (ac am ddychwelyd yno yn fuan!), mae **Gwenno Roberts** yn byw yng Nghaerdydd gyda'i theulu bach. Mae hi'n gweithio fel rheolwr digwyddiadau ac yn chwarae'r ffidil, gyda diddordeb arbennig mewn cerddoriaeth draddodiadol Gymreig.

Perfformio, cystadlu, eisteddfota, hyfforddi, arwain ac addysgu cerddoriaeth yw pethau **Bethan Antur**. Wedi 27 mlynedd yn Bennaeth Cerdd mewn ysgol uwchradd, ers 10 mlynedd mae'n gweithio'n llawrydd fel darparwr cerddoriaeth, gydag arbenigedd mewn gosod, hyfforddi a beirniadu cerdd dant. Mae'n byw yn Llanuwchllyn gyda'i gŵr Huw a'u plant, Gruffudd Antur a Marged Gwenllian.

Daw **Caryl Burke** yn wreiddiol o Borthmadog ond bellach mae'n byw ac yn gweithio fel is-gynhyrchydd i gwmni teledu yng Nghaernarfon. Ers cychwyn *stand up* yn 2021 mae hi wedi perfformio ar draws y wlad ac wedi ymddangos ar Hansh, S4C a Radio Cymru. Pan nad yw'n perfformio, mae Caryl wrth ei bodd yn gwylio ffilms, darllen neu grosio.

Merch y ddinas yw **Caitlin Mckee**, wedi ei magu ac yn dal i fyw yng Nghaerdydd. Mae'n teimlo fel petai wedi byw sawl bywyd yn barod! Yn wreiddiol hyfforddodd fel perfformwraig ond mae hi nawr yn gweithio i'r GIG fel bydwraig. Teithio'r byd, bwyd blasus a chwmni da yw'r rysáit am fywyd hapus iddi hi.

Daw **Catrin Angharad Jones** o Lanbedr-goch, Môn yn wreiddiol ond mae hi'n byw erbyn hyn yng Ngaerwen gyda'i gŵr a'i meibion. Yn dilyn blynyddoedd fel athrawes gynradd, mae hi bellach yn gerddor llawrydd a chydlynydd prosiectau celfyddydol. Mae hi hefyd yn Swyddog Ymbweru Bro i gwmni Golwg, yn mwynhau arwain corau ac yn lais achlysurol ar Radio Cymru.

O gerddoriaeth i gomedi, o ffilm i deledu a llwyfan, mae **Carys Eleri** yn byw a bod o fewn sawl byd creadigol. Yn wreiddiol o bentre'r Tymbl, Sir Gâr, ma hi wrth ei bodd ymysg ffrindiau, yn mwynhau dyddiau hir ar ei beic yn ogystal â dathlu bywyd naill ai â gwydryn o *fizz* gyda'i hanwyliaid neu wrth nodi digwyddiadau hudolus y byd naturiol gyda'i chyd-dderwyddon.

Mae **Claire Vaughan** yn byw yng Nghaerdydd a hi yw Rheolwr Rhaglen Sinema canolfan gelfyddydau Chapter; Cyfarwyddwr gofod celfyddydol cydweithredol SHIFT; a sylfaenydd y clwb ffilmiau ar-lein Reframed Film. Cafodd ei magu yng Nghernyw ac mae hi bellach yn dysgu Cymraeg yn frwd. Mae cymuned yn allweddol wrth gael hwyl, ond mae hi hefyd wrth ei bodd gyda thraethau anghysbell a dŵr rhynllyd.

Daw **Rhian Meara** o Gaerdydd yn wreiddiol ond mae wedi byw yng Nghaerlŷr a Chaeredin, cyn setlo i fyw yn Abertawe gyda'i gŵr, Jonas, eu merched Ffion a Delyth, a PwsPws y gath. Mae hi'n uwch-ddarlithydd mewn Daearyddiaeth a Daeareg ym Mhrifysgol Abertawe, ac wrth ei bodd yn gwneud gwaith ymchwil ar echdoriadau folcanig yng Ngwlad yr Iâ.

Mae **Natalie Jones** yn byw yn Sir Gâr ac yn gweithio i S4C. Mae ganddi brofiad fel seicolegydd ac athrawes. Fel person o etifeddiaeth Garibïaidd, ei hangerdd yw ceisio sicrhau bod pob plentyn yn teimlo'n bwysig a gwerthfawr ac mae ganddi ysfa i ysbrydoli pobl i fod yn hyderus.

Myfanwy Alexander yw awdur y gyfres o bum nofel dditectif sy'n dilyn hynt yr Arolygydd Daf Dafis. Mae hi hefyd yn gweithio fel Artist Cymunedol i hybu creadigrwydd a'r iaith Gymraeg yn Sir Drefaldwyn. Mae hi'n aelod o dîm Cymru ar *Round Britain Quiz* ar BBC Radio 4 ac yn fwy na dim, yn fam i'r chwe merch orau yn y byd. Ffaith.

Merch o Bontarddulais yw **Ffion-Hâf Davies** sy'n fyfyrwraig yn ei blwyddyn olaf ym Mhrifysgol Abertawe yn astudio Llenyddiaeth Saesneg ac Ysgrifennu Creadigol. Mae hi hefyd yn gweithio fel Achubwraig Bywydau ac athrawes nofio rhan-amser. Roedd Ffion yn aelod o Senedd Ieuenctid Cymru yn ystod ei thymor cyntaf (2018-2021).

Yn wreiddiol o Hen Ynys-y-bwl, mae **Becky Davies** yn cwiar, yn niwrowahanol, wrth ei bodd â thraddodiadau gwerin, a chrwydro ei hardal leol gyda'r ci. Gyda chefndir mewn dylunio setiau a gwisgoedd, mae hi bellach yn gweithio'n bennaf fel darlunydd ac ym maes celf, iechyd a lles, ond yn dychwelyd i ddylunio ar gyfer sioeau arbennig, fel y grŵp dawnsio traddodiadol Qwerin.

Yn wreiddiol o Gaerfyrddin, mae **Rhiannon Holland** bellach wedi ymgartrefu yn Nhreganna gyda'i gŵr a'i merch fach, Efa. Ei hoff elfen o'i swydd fel ffotograffydd yw creu portreadau, a chael dod â phersonoliaethau'n fyw trwy ei lens. Mae wrth ei bodd yn darllen cardiau Tarot, llyfrau arswyd a bwyta *charcuterie*.